HEYNE‹

Über den Autor

Rainer Ammel arbeitet seit über 15 Jahren als Mathematik-lehrer und Schulpsychologe am Gymnasium. Er berät Schüler und Eltern bei Lern- und Leistungsstörungen, Prüfungsängsten, Mobbing sowie Konflikten mit der Lehrkraft. Nebenberuflich betreibt er die Video- und Übungsplattform *Mathegym*, die 2016 mit dem begehrten Comenius-Award ausgezeichnet wurde.

Rainer Ammel

Gute Noten ohne Stress

Ein Lehrer verrät
die besten Tipps und Tricks,
um das Gymnasium
erfolgreich zu bestehen

WILHELM HEYNE VERLAG
MÜNCHEN

Sollte diese Publikation Links auf Webseiten Dritter enthalten,
so übernehmen wir für deren Inhalte keine Haftung,
da wir uns diese nicht zu eigen machen, sondern lediglich auf deren
Stand zum Zeitpunkt der Erstveröffentlichung verweisen.

MIX
Papier | Fördert
gute Waldnutzung
FSC® C014496

Penguin Random House Verlagsgruppe FSC® N001967

5. Auflage

Originalausgabe 9/2017

Copyright © 2017 by Wilhelm Heyne Verlag, München,
in der Penguin Random House Verlagsgruppe GmbH,
Neumarkter Straße 28, 81673 München
Redaktion: Michael Schmidt
Umschlaggestaltung: Nele Schütz Design
Satz: Schaber Datentechnik, Austria
Druck: GGP Media GmbH, Pößneck
Printed in Germany

ISBN: 978-3-453-60419-3

www.heyne.de

Inhalt

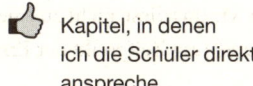 Kapitel, in denen ich die Schüler direkt anspreche

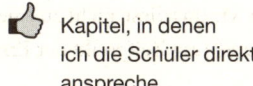

Eine Abifeier – Blick zurück in Zorn oder Dankbarkeit?

Die Hitze staut sich in der großen Turnhalle, in der an diesem Abend nichts an ausfahrbare Reckstangen und wuchtige Medizinbälle erinnert. Rund 800 zumeist festlich gekleidete Menschen haben sich an die liebevoll dekorierten Biertische verteilt und freuen sich nach der verspäteten Vorspeise auf den nächsten Gang. Sieht man sich die Tischgruppen genauer an, so entdeckt man dort viele bekannte Gesichter – jung und strahlend, umgeben von stolzen Eltern, Geschwistern, Verwandten und Freunden. Hier und da winkt einem ein gut gelaunter Vater zu, nickt eine Mutter höflich in Richtung der beiden Lehrertische, wo auch ich sitze.

Direkt vor mir ist die mit allen technischen Raffinessen ausgestattete Bühne. Im Moment gehört sie dem Moderatorenduo Selina und Hendrik, die in dieser Turnhalle noch vor knapp zwei Monaten bibbernd ihrem schriftlichen Abitur entgegensahen. Doch vom Prüfungsstress ist nun nichts mehr zu erkennen. Top gestylt, charmant und witzig führen die beiden durch die Abiturfeier, und gerade kündigen sie die Verabschiedung meines Kurses an.

Gott steh mir bei! Die meisten Kurse verabschieden sich von ihren Lehrern in Form eines Sketches, bei dem die

Schrullen der Pädagogen aufs Korn genommen werden. Das kann unterhaltsam sein, manchmal aber auch peinlich oder sogar verletzend. Vor zwei Jahren verließ eine schwer gekränkte Kollegin mit Tränen in den Augen umgehend die Veranstaltung. Gespannt beobachte ich also, wie meine 23 Kursteilnehmer im Gänsemarsch die Bühne betreten.

Einige von ihnen kenne ich noch aus ihrer Anfangszeit am Gymnasium: Manuel, dem schon als Zehnjährigem der Schalk im Nacken saß und der auch in den letzten zwei Jahren für Spaß im Unterricht sorgte. Jakob, der sich in der sechsten Klasse eine Zeit lang so erfolglos abmühte, dass man Zweifel haben konnte, ob er diesen Tag jemals erleben würde. Anna, die von der ersten Stunde an immensen Ehrgeiz an den Tag legte, der bis zuletzt anhielt und ihr nun ein erstklassiges Abitur beschert hat. Jan, der Deutschamerikaner, der im Unterricht immer zu schlafen schien, aber voll bei der Sache war, sobald einmal nicht-mathematische Themen anstanden.

Hat mein Mathematikunterricht sie bereichert, ihnen etwas fürs Leben gebracht? Den wenigen, die Mathematik, Physik oder ein technisches Fach studieren werden, mit Sicherheit – aber wie steht es um den großen Rest? Wir Mathelehrer betonen gern, dass selbst in Studiengängen wie etwa Psychologie oder BWL, die mit höherer Mathematik nichts am Hut zu haben scheinen, kein Weg um anspruchsvolle Statistikklausuren herumführt. Dennoch bleibt die Frage, ob man von allen Schülern verlangen muss, sich zwei Jahre lang mit hoch abstrakten, vom persönlichen Alltag völlig losgelösten Bereichen der Mathematik zu beschäftigen. Wäre es für die mathematisch weniger Interessierten und Talentierten unter ihnen nicht sinnvoller, verstärkt die Basics zu trainieren, die heute vielen Abiturienten trotz bestandener Prüfung völlig abgehen?

»Herr Ammel, bitte kommen Sie auf die Bühne!«

Jetzt hilft nur noch Beten, dass sie es gut mit mir meinen. Leise seufzend mache ich mich auf den Weg ins Rampenlicht und nehme gefasst auf dem exponierten Stuhl Platz, von dem aus ich vermutlich gleich eine Karikatur meiner selbst vorgeführt bekomme. Die Show beginnt – und mein Angstzentrum sendet schon nach wenigen Sekunden: Entwarnung. Nein, hier findet kein Abwatschen statt, sondern eine gekonnt inszenierte Darbietung von »Highlights« aus zwei Jahren Mathematikunterricht! Lustige, zum Teil skurrile Szenen, die einer Lehrveranstaltung zuweilen so etwas wie Eventcharakter verliehen: Eisessen bei strömendem Regen während der Unterrichtszeit, Klimmzüge des Lehrers vor dem Klassenzimmer, gemeinsam gedrehte Spaßvideos und vieles mehr. Am Ende des Spektakels bedanken sich die Schüler bei mir für zwei Jahre kompetenten und abwechslungsreichen Unterricht.

Man könnte dies selbstkritisch mit dem Schlussapplaus nach einem lahmen Theaterstück vergleichen, in dem sich vor allem die Freude darüber ausdrückt, dass es nun endlich vorbei ist. Aber womöglich sehen Schüler vieles von dem längst nicht so negativ, worüber sich Schulkritiker den Kopf zerbrechen, zuweilen auch ich. Am Beispiel Mathematik: Der Stoff mag in den höheren Klassen für die meisten belanglos, ohne erfahrbaren Anwendungsbezug sein – und doch gelingt es vielen Jugendlichen, sich dafür zu motivieren. Vielleicht finden sie Gefallen am Aufdecken versteckter Muster, von denen auch die abstrakte Mathematik reichlich zu bieten hat. Vielleicht erfreuen sie sich an der widerspruchsfreien Logik oder nehmen es einfach sportlich, so viel wie möglich zu kapieren und in der nächsten Klausur gut abzuschneiden. Entscheidend ist dabei offensichtlich das Verhältnis zum Lehrer. Stimmt diese Beziehung, kann man jedem noch so trockenen Fach eine positive Seite abgewinnen.

Wie gut oder schlecht sind unsere Gymnasien?

Verstehen Sie mich nicht falsch. Ich halte das Gymnasium, so, wie ich es in meinen bislang 15 Berufsjahren erlebt habe, an vielen Stellen für optimierbar. Auch ich weiß, dass es für einzelne Schüler und deren Eltern phasenweise zum Albtraum werden kann. Erst neulich sprach mich der Wirt einer Gaststätte beim Bezahlen an: »Sie sind doch Lehrer. Ich hätte da mal eine Frage: Mein Sohn ist jetzt in der achten Klasse und kommt an manchen Tagen erst um fünf Uhr nach Hause – bis er mit allem fertig ist, kann es acht Uhr werden. Ist das bei euch auch so?« Die Frage stimmt mich nachdenklich. Meine eigenen Kinder sind noch an der Grundschule, ob sie später einmal das Gymnasium besuchen werden, steht in den Sternen. Die Vorstellung von einem derart zeitfressenden Schulalltag, in dem persönliche Interessen kaum noch Platz haben, bereitet mir jedoch jetzt schon Sorgen.

Wenn ich da an meine Schulzeit denke! Ich weiß noch, wie ich mit etwa 14 Jahren, Mitte der 1980er-Jahre, im Quelle-Katalog meiner Mutter den heute legendären Commodore 64 entdeckte, einen der ersten für den Massenmarkt gefertigten PCs. Mein Interesse für die Mathematik lag damals noch in weiter Ferne, aber dieser programmierbare Computer hatte es mir sofort angetan. Noch am selben Abend überredete ich meinen Vater, sich zur Hälfte an der Finanzierung zu beteiligen. Eine Woche später war mein Sparkonto leer und ich stolzer Besitzer einer solchen Zauberkiste. In den nächsten ein bis zwei Jahren verschlang ich etliche Handbücher, eignete mir zunehmend komplexere Programmiersprachen an und entwickelte eine bunte Palette von selbst erfundenen Videospielen und Anwendungsprogrammen für den täglichen Bedarf. Besonders knifflig war eine »App« zur individuellen Horoskoperstellung, die sich eine Astrologin aus unserem Bekanntenkreis gewünscht hatte. Viel Herzblut verschwendete ich auch an ein aufwendig animiertes Spiel, mit dem ich dem C64-Klassiker »Quest of tyres« Konkurrenz machen wollte. Rückblickend betrachtet, ist es doch sehr erstaunlich, wie ich mir diese Nachmittage füllende Leidenschaft über viele Monate hinweg – neben Sport und Klavierstunden – leisten konnte, ohne schulisch in Schwierigkeiten zu geraten. Und wie froh bin ich heute über diese Erfahrung! Was ich mir damals als Jugendlicher auf dem Gebiet der Programmierung aneignete, hat zwei Jahrzehnte später wesentlich dazu beigetragen, die bekannte Online-Lernplattform »Mathegym« ins Leben zu rufen.

Man weiß inzwischen eine ganze Menge über die Pubertät, über die kognitive Umstrukturierung in dieser Entwicklungsphase und die damit einhergehende Motivation für praktische Aufgabenstellungen. Wie traurig, dass das Gymnasium der 1980er-Jahre diesem modernen Konzept von Pubertät noch viel eher gerecht wurde – indem es den Jugendlichen mehr Freizeit und damit auch Chancen bot, praktische Herausforderungen zu suchen und zu bewältigen.

Andererseits: Bei all den Schwächen, die ich am Gymnasium von heute erkenne, kann ich mit der fundamentalen Schulkritik von Autoren wie Richard David Precht nur wenig anfangen. Die Behauptung, Schüler würden im Laufe ihrer Schulzeit ihrer natürlichen Neugier beraubt, deckt sich jedenfalls nicht mit meiner Erfahrung. Wenn ich mir meine 23 Kursteilnehmer so ansehe, die inzwischen die Bühne verlassen haben, möchte ich behaupten, dass am Gymnasium nach wie vor vieles gelingt. Ich sehe hoffnungsvolle junge Erwachsene, die sich nach acht Jahren zum Teil schweren Herzens von ihrer Schule trennen – wo sie gelernt, musiziert, Theater gespielt, als Streitschlichter gewirkt, Partys gefeiert, sich Disziplin und Frustrationstoleranz anerzogen haben – und jetzt auf ihr Studium oder ihre Ausbildung gespannt sind.

Nun weiß ich nicht, welchen Erfahrungshintergrund und welche Einstellung zum Gymnasium Sie haben. Mag sein, dass Sie es weitaus kritischer betrachten, dass Sie viel mehr oder auch ganz andere Schwachstellen erkennen als ich. Vielleicht finden Sie es auch völlig in Ordnung, so, wie es im Moment ist. Es hängt wohl davon ab, mit welchen Lehrern Sie zu tun hatten und an welchen Fächern Ihr Kind sich erfreut oder aber verzweifelt. Mir geht es in diesem Buch weder darum, das Gymnasium zu verbessern, noch darum, diese Schulform gegen fiese Attacken in Schutz zu nehmen. Mein Anliegen ist es, als Praktiker und Kenner des Systems »Gymnasium« zu einer erfolgreichen Schulzeit Ihres Kindes beizutragen.

Dabei sollten wir die Dinge, die sich nicht ändern lassen, einfach mal als »schicksalhaft« hinnehmen und uns umso mehr auf die Bereiche konzentrieren, die von Ihnen und Ihrem Kind gestaltet werden können. Auch wenn die schulischen Probleme im Einzelfall auf das Konto inkompetenter Lehrkräfte oder überfrachteter Lehrpläne gehen mögen – die Kernfrage dieses Buches lautet doch eher, welche Einstellungen, Strategien oder Techniken von Ihnen und Ihrem Kind abzurufen sind, um mit den gegebenen Umständen bestmöglich klarzukommen.

Wer bin ich, und
wen spreche ich an?

Ich bin seit über 15 Jahren als Mathematiklehrer und Schulpsychologe an bayerischen Gymnasien tätig. Als Betreiber der Lernplattform »Mathegym« und durch meine Lernvideos auf YouTube bin ich bereits einem größeren Personenkreis auch außerhalb Bayerns bekannt.

Mathematiklehrer und Schulpsychologe – vielen erscheint diese Kombination zunächst einmal merkwürdig. Doch an bayerischen Schulen ist es bereits seit mehreren Jahrzehnten Praxis, dass Schulpsychologen gleichzeitig Lehrer sind; am Gymnasium unterrichten sie in der Regel noch Englisch, Latein oder eben Mathematik. Wer der Mathematik und damit dem logischen Denken anhängt, hat mitunter einen anderen Zugang zur Psychologie als jemand, der dramatische Stoffe liebt. Die Stärken des »mathematischen« Psychologen liegen vielleicht gerade in der Nüchternheit, die Mathematiklehrer oft unnahbar und langweilig erscheinen lässt – dem psychologischen Berater hilft sie dagegen, den Überblick zu bewahren und die Lösung des Problems im Auge zu behalten.

Auf die Idee zu diesem Ratgeber bin ich auf der Liege eines Physiotherapeuten gekommen. Seit zwei Jahren schleppe ich ein Rückenproblem mit mir herum, das meiner maximalen Tagesdosis an Schreibtischarbeit enge Grenzen setzt. Zwei Jahre lang war ich überzeugt, dass ich dies zu akzeptieren hätte, zumal ich nicht gerade wenig Sport treibe – was soll der Physiotherapeut da schon verbessern können? Und siehe da, schon nach der dritten Sitzung und einigen neuen Übungen zu Hause beginnen sich die Schmerzen zu verflüchtigen.

Auch die Eltern schulpflichtiger Kinder erleben so manche Probleme. Vielleicht haben sie sich auch schon an gewisse Missstände gewöhnt, oder sie erscheinen ihnen als so hartnäckig, dass sie erst gar keine Hilfe in Anspruch nehmen. Dabei gäbe es viele Wege aus dem Dilemma, und oft bedarf es nur geeigneter Impulse.

Folgende Zielgruppe spricht mein Buch an:

- aufgeschlossene Kinder und Jugendliche, die ich in ausgewählten Kapiteln direkt anspreche, um ihnen Tipps zu Hausaufgaben, Prüfungsvorbereitung, Motivation usw. zu geben,
- Eltern, die noch wenig Erfahrung mit dem Gymnasium haben und eine Art Anleitung für ihren erfolgreichen Eltern-Job suchen. Die hier vorgestellten Strategien sind vielfach erprobt und bewährt.
- Eltern, die ihre Einstellung und ihr Handeln in Sachen Schule reflektieren wollen, weil sie im Lauf der Zeit unsicher geworden sind, ob ihr erzieherisches Wirken dem Kind oder Jugendlichen wirklich hilft,
- Eltern in einer (schulischen) Erziehungskrise, die den Gang zum Schulpsychologen scheuen oder sich mithilfe dieses Ratgebers schon einmal auf den ersten Termin vorbereiten wollen. Auch begleitend zu einer mehrstün-

digen Beratung oder im Anschluss daran könnte die Lektüre bereichernd sein.

Ein ganz besonderes Motiv für dieses Buch, vielleicht auch für meine Berufswahl an sich, liegt schließlich in meiner schulischen Biografie begründet. Als ich ans Gymnasium übertrat, ging es mit meinen Leistungen erst einmal steil bergab. Der damals stellvertretende Direktor empfahl den Wechsel an die Hauptschule. Zum Glück sollte er in seiner Einschätzung nicht recht behalten. Doch meine Schulleistungen, soweit ich sie aus meiner Erinnerung (siehe Diagramm) abrufen kann, waren von der dritten bis zur dreizehnten Klasse auf ganz unterschiedlichen Niveaus angesiedelt – und damit auch ein nicht unwichtiger Teil meines Selbstvertrauens.

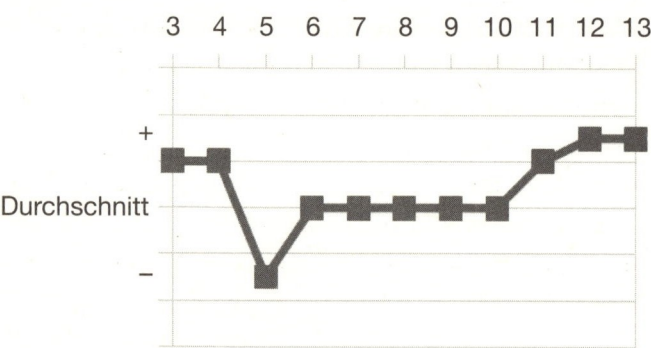

Ich kenne das demütigende Gefühl schulischen Versagens, ich weiß aus meiner gymnasialen Anfangszeit, wie es sich anfühlt, wiederholt der Schlechteste bei einer Klassenarbeit zu sein. Ebenso durfte ich, zum Glück in dieser Reihenfolge, später den Ruf des guten bis sehr guten Schülers genießen. Zwischen diesen Erfahrungen liegt im Wesentlichen ein Zugewinn an Know-how. Dieses Know-how möchte ich mit Ihnen teilen.

Ein paar Worte zum Aufbau des Buches: Immer dann, wenn ich zum »Du« übergehe, wende ich mich direkt an die Schülerinnen und Schüler. Meistens geht es in diesen Kapiteln um ganz konkrete Tipps, die von Kindern und Jugendlichen leicht verstanden und umgesetzt werden können. Das heißt aber nicht, dass Eltern von der Lektüre dieser Kapitel ausgeschlossen sind. Umgekehrt möchte ich keinen Schüler davon abhalten, auch die »Erwachsenen«-Kapitel zu lesen. Als Eltern brauchen Sie übrigens keine Sorge zu haben, dass Ihr Kind Ihnen dadurch in die Karten schaut. Hier wird schließlich kein »Herrschaftswissen« vermittelt, das Sie als Erzieher streng hüten sollten. Vielmehr geht es um ein offenes Miteinander – und da schadet es sicher nicht, wenn Ihr Kind auch einmal die Elternperspektive einnimmt.

Schlechten Gewohnheiten vorbeugen

Viele Tipps und Ratschläge in diesem Buch zielen auf einen guten Lernstil ab. In meiner täglichen Arbeit begegnen mir Schüler mit ganz unterschiedlichen Lerngewohnheiten. Manche begleitet man über Jahre – bei diesen Schülern lässt sich dann ganz gut erkennen, ob der jeweilige persönliche Lernstil von Erfolg gekrönt ist oder eher zu Problemen geführt hat. Das Heimtückische an falschen Lerngewohnheiten liegt darin, dass diese sich oft erst nach vielen Jahren als schlecht herausstellen. Noten in der gymnasialen Anfangszeit können trügerisch sein – in meiner Praxis begegnen mir viele Schüler, die die ersten Schuljahre am Gymnasium mit guten bis mittelmäßigen Leistungen hinter sich gebracht haben, plötzlich aber, mit denselben Lerngewohnheiten, zu scheitern beginnen. Teilweise sind das Gewohnheiten, die von den Eltern mit unterstützt wurden. Zeigt sich in der neunten Klasse, dass man mit seiner Art, zu lernen, nicht weiterkommt, stehen die Chancen auf Veränderung ziemlich schlecht. Tatsächlich, so meine Erfahrung, ist es äußerst mühsam, mit 14 das Lernen (neu) zu lernen. Nicht selten verabschieden sich diese Kinder nach vergeblichem Kampf gegen den inneren Schweinehund, vielleicht auch durch die Notenlage gezwungen, vom Schultyp Gymnasium.

Ich will den Wechsel an die Realschule nicht schlechtreden – im Gegenteil: Oft erscheint er, obwohl man eigentlich fürs Gymnasium geeignet wäre, als die beste aller praktikablen Lösungen. Wenn die Situation erst einmal so festgefahren ist und der Teufelskreis aus Unlust, falschem Lernen und miserablen Noten nicht geknackt werden kann, eröffnen sich durch die veränderten Anforderungen oft ganz neue Perspektiven. Ich bin aber überzeugt davon, dass viele Schüler erst gar nicht in diese Situation gekommen wären, wenn sie sich von Anfang an einen guten Lernstil angeeignet hätten.

Als Eltern können Sie gerade in der gymnasialen Anfangszeit großen Einfluss darauf nehmen, dass Ihr Kind einen guten Lernstil entwickelt. Ich meine damit nicht, dass Sie die Rolle des Hilfslehrers übernehmen sollen, zumal viele von Ihnen durch Ihre beruflichen Verpflichtungen dazu gar nicht in der Lage sind. Es gibt ganz gute Wege, sein Kind beim »Lernen lernen« zu unterstützen, auch wenn man bei der Erledigung der Hausaufgaben nicht anwesend sein kann.

Hausaufgaben

Hausaufgaben pro und kontra

Hausaufgaben sollen dazu beitragen, dass Schüler die Inhalte des Unterrichts wiederholen und ihr Verständnis vertiefen, indem sie sich aktiv und selbstständig damit auseinandersetzen. Im Unterricht selbst besteht diese Möglichkeit oft nicht, die Kinder und Jugendlichen hören vor allem der Lehrkraft zu und schreiben von der Tafel ab. Selbst wenn sie aktiv mitarbeiten, sich häufig melden und gute Unterrichtsbeiträge liefern – eine gestellte Aufgabe ganz eigenständig zu bewältigen hat noch einmal eine ganz andere Qualität.

Beispiel Mathematik: Die Hauptschwierigkeit besteht für viele Schüler darin, die Aufgabe zu verstehen, also zu wissen, was überhaupt verlangt wird. Im Unterricht wird man mit dieser Herausforderung eher selten konfrontiert. Ehe man über die Aufgabe nachdenken konnte, steht bereits ein Lösungsansatz an der Tafel. Diesen weiterzuführen ist vergleichsweise einfach, die positive Rückmeldung aufgrund eines gelungenen Lösungsschritts insofern trügerisch. Im Rahmen einer Hausaufgabe ist man viel mehr gefordert: Hier muss man erst einmal die Aufgabenstellung erschließen, dann einen geeigneten Lösungsansatz finden und diesen schließlich konsequent fortführen – in der steten Ungewissheit, vielleicht auf dem Holzweg zu sein.

Dennoch sind Hausaufgaben in Fachkreisen umstritten. Gegner des lehrerzentrierten Unterrichts verweisen darauf, dass Hausaufgaben gar nicht oder zumindest nicht im üblichen Umfang notwendig wären, wenn die Schüler bereits im Unterricht ausreichend Gelegenheit hätten, selbstständig zu arbeiten. Ein anderes Argument gegen Hausaufgaben ist die Ungerechtigkeit, die dadurch entsteht, dass dem einen versierte Eltern oder Nachhilfelehrer zur Seite stehen, während der andere ohne jede Hilfe auskommen muss. Eine dritte Front tut sich angesichts zahlreicher wissenschaftlicher Studien auf, die zum Ergebnis kommen, dass Hausaufgaben einen eher geringen Effekt auf das erfolgreiche Lernen haben.

Auf den ersten Blick ein erstaunlicher Befund. Denkt man nach, fallen einem durchaus Gründe dafür ein. Oft sind Hausaufgaben reine Routineaufgaben, die ohne viel Nachdenken erledigt werden können. Hier ein Beispiel:

Berechne

$$\frac{1}{5} + \frac{2}{5} = ? \quad \frac{5}{6} - \frac{1}{6} = ? \quad \frac{1}{7} + \frac{6}{7} = ? \quad \frac{2}{9} + \frac{4}{9} = ? \quad \frac{7}{11} - \frac{2}{11} = ? \ldots$$

Wer die Gesetzmäßigkeit kennt (Nenner gleich, Zähler addieren/subtrahieren), wird spätestens ab der dritten Aufgabe ermüden. Zehn Aufgaben von dieser Sorte sind also reine Schreibarbeit und somit Zeitverschwendung. Damit Lerneffekte erzielt werden, müsste die Qualität der Aufgabe viel höher sein. Durch die zusätzliche Forderung

… und stelle das Ergebnis so einfach wie möglich dar

wird der Schüler mehr gefordert, da weitere Muster erkannt und passende Regeln abgerufen werden müssen: die Regel vom Kürzen ebenso wie die Regel $a/1 = a$. Doch selbst mit diesem Zusatz bleibt der Lerneffekt gering, solange nicht auch Aufgaben gestellt werden, die über ein rein mechanisches Rechnen hinausgehen und damit ein tieferes Verständnis fördern, wie z. B.

Erfinde fünf verschiedene Summen, die als Ergebnis ein Drittel liefern. Beschreibe ein »Rezept«, wie man beliebig viele solcher Summen herstellen kann.

Kein Lehrer wird den Sinn kreativer Aufgaben dieser Art bestreiten – und doch geht man über die Sorte 08/15 nur ungern hinaus, da anspruchsvolle Hausaufgaben erfahrungsgemäß von vielen Schülern schlecht oder gar nicht gelöst werden. Etwas mehr Zutrauen von Lehrerseite und etwas weniger Panik von Schüler- und Elternseite, wenn Hausaufgaben nicht auf Anhieb klappen, täten der Aufgabenkultur sicher gut!

Jedenfalls macht es wenig Sinn, Hausaufgaben allgemein ihre Effektivität abzusprechen. Vielmehr kommt es darauf an, was aufgegeben und wie es erledigt wird.

Fixierung auf das Schriftliche

Eine ebenso schlechte wie weit verbreitete Angewohnheit ist es, Hausaufgaben nur dann wirklich ernst zu nehmen, wenn sie schriftlich zu erledigen sind. Seit 15 Jahren gehe ich zu Schuljahresbeginn als Beauftragter für »Lernen lernen« durch die fünften Klassen und spreche mit den »Frischlingen« über ihre Gewohnheiten beim Lernen. Bei der Frage, in welcher Reihenfolge sie ihre Hausaufgaben erledigen, ergibt sich von jeher das gleiche Bild: Über 90 Prozent der Schüler arbeiten stets zuerst die schriftlichen Hausaufgaben ab, erst danach folgen (wenn überhaupt) die mündlichen.

Als mündliche Hausaufgabe wird nur das angesehen, was ein Lehrer explizit aufgegeben hat (z. B. Vokabeln einer neuen Lektion lernen).

Erstaunlich, dass so viele Menschen sich in einer Sache so gewaltig irren können. So bleiben Tag für Tag sehr wichtige Aufgaben unerledigt, Aufgaben, die für den Aufbau von Grundwissen wie für das tiefere Verständnis notwendig wären. Aber anscheinend beruhigt das Schülergewissen nichts so gut wie eine niedergeschriebene Hausaufgabe. Mündlich – das klingt nach »Blabla« und ist als Note in den Hauptfächern ja oft auch nur die Hälfte wert. Außerdem kann es vom Lehrer nicht kontrolliert werden.

Ist Ihr Sohn oder Ihre Tochter oft schon nach 30 Minuten mit den Hausaufgaben fertig und beteuert, *alles* erledigt zu haben? Kann gar nicht sein, denn jedes Fach – außer Sport und Kunst – am nächsten Tag bedeutet am

Gymnasium zumindest eine mündliche Hausaufgabe: das Heft anschauen, den Inhalt der letzten Stunde in eigenen Worten wiedergeben können.

Hausaufgaben richtig machen

Wundern Sie sich bitte nicht, wenn ich kurz in die Du-Form wechsle – bei den folgenden Empfehlungen wende ich mich nämlich direkt an Ihr Kind. Schließlich bist du derjenige, der sie – möglichst selbstständig – umsetzen soll. Im Anschluss habe ich natürlich noch ein paar Tipps für deine Eltern auf Lager.

1. Für Motivation sorgen

Es ist wichtig, dass du dich an deinem Schreibtisch wohlfühlst und wenig abgelenkt bist. Wenn das bislang nicht der Fall ist, beseitige die Störquellen – und das möglichst dauerhaft. Störend ist alles, was mit den Hausaufgaben um deine Aufmerksamkeit konkurriert, z. B. herumliegende Comichefte oder das Smartphone, von dem sich ältere Schüler erfahrungsgemäß nur sehr schwer trennen können. Ich kenne Jugendliche, die ihre Mutter oder ihren Vater darum bitten, das geliebte Gerät für diese Zeit an sich zu nehmen – die Versuchung, ständig aufs Display zu schielen, wäre sonst zu groß. Manchmal muss man auch sein Zimmer verändern (z. B. den Schreibtisch vom Fenster wegstellen, durch das man immer auf die Straße schaut) oder zumindest mal den Schreibtisch aufräumen, damit man sich gern an ihn setzt.

Hilfreich für die Motivation ist auch ein möglichst fester Zeitrahmen, in dem man jeden Tag die Hausaufgaben macht, z. B. 30 Minuten nach dem Mittagessen 90 Minuten lang. Warum das so ist? Weil wir Menschen Gewohnheitstiere sind und uns nichts leichter fällt, als gut eingeübten Tätigkeiten zu bestimmten Tageszeiten nachzugehen. Erinnere dich, wie sehr du dich lange Zeit gegen das Zähneputzen gesträubt hast! Mit der Zeit kam die Gewöhnung, und mittlerweile greifst du vor dem Schlafengehen (hoffentlich!) wie selbstverständlich zur Zahnbürste.

Manchen Schülern hilft auch folgender Trick: Alle für die Hausaufgaben notwendigen Bücher und Hefte werden vor Beginn in sinnvoller Reihenfolge zu einem »Berg« aufgetürmt. Dieser wird dann mit der Zeit immer kleiner, was den Fortschritt deutlich macht und die Motivation erhöht. Welche Reihenfolge ist aber sinnvoll? Erst die schwierigen und später die leichten – oder umgekehrt? Den meisten fällt der Einstieg leichter, wenn sie mit einer einfachen oder angenehmen Hausaufgabe beginnen. Das würde ich grundsätzlich jedem empfehlen. Es gibt aber auch Schüler, die sich unwohl fühlen, solange das schwierigste Fach noch vor ihnen liegt, und die es deshalb am liebsten gleich weghaben wollen. Das wäre auch okay, solange man sich durch eventuell auftretende Probleme schon zu Beginn nicht die Laune verderben lässt. Richtig ist, was dich motiviert.

Finde also heraus, mit welcher der beiden Varianten es dir besser geht!

2. Schriftliche und mündliche Hausaufgaben abwechselnd erledigen

Vermutlich bist du es gewohnt, die schriftlichen Hausaufgaben zuerst zu erledigen und anschließend die mündlichen. Die allermeisten Schüler machen das nach meiner Erfahrung so – aber das ist leider nicht optimal. Viel besser ist es, wenn du die mündlichen Hausaufgaben (z. B. Hefteinträge oder Buchkapitel lesen und in eigenen Worten wiedergeben, neue Vokabeln auswendig lernen …) mit den schriftlichen Aufgaben eines Fachs zusammen erledigst. Viele Untersuchungen zum Thema »Lernen« zeigen, dass Schüler sich bei diesem Rhythmus viel mehr merken können. Abgesehen davon kommt dir das Lernen dabei auch kurzweiliger vor – die Zeit vergeht schneller. Und noch ein Grund, warum diese Reihenfolge besser ist: Völlig zu Unrecht glauben viele Schüler, die mündlichen Hausaufgaben seien die weniger wichtigen. Wenn sie die schriftlichen erledigt haben, ist ihrem Gefühl nach eigentlich schon so gut wie *alles* erledigt. Und so werden sie leichtsinnig und verschieben den Rest (»das bisschen Mündliche«) auf den Abend, den nächsten Morgen oder machen es gar nicht mehr, weil sie am Abend lieber spielen und am nächsten Morgen viel zu müde und unkonzentriert sind. Das kann dem, der die »s-m-s-Regel«

(schriftlich-mündlich-schriftlich usw.) anwendet, nicht passieren. Der hat dann am Ende seiner Hausaufgaben immer auch mündlich gut gelernt und muss sich nicht davor fürchten, ausgefragt zu werden oder dass ein überraschender Test geschrieben wird. Wer seine mündlichen Hausaufgaben zuverlässig erledigt, wird auch bei den schriftlichen im selben Fach viel weniger Probleme haben, weil er dann besser darauf vorbereitet ist.

Manche Schüler gehen übrigens beim Thema »Abwechslung« noch viel weiter und wechseln, weil so mehr hängen bleibt, sogar zwischen den Fächergruppen möglichst oft hin und her. Nach Englisch machen sie dann also lieber Mathe oder Bio statt Deutsch. Gute Idee! Vor allem wenn man (später) eine zweite Fremdsprache hat, sollte man nicht gerade diese beiden Fächer direkt hintereinander erledigen, weil sonst die Gefahr der sogenannten Überlagerung droht. Dann kann es dir passieren, dass die neu gelernten Vokabeln in Englisch, die du gerade noch gut konntest, mit den französischen Wörtern in der anschließenden Hausaufgabe verschwimmen und du am Ende weder in Englisch noch in Französisch wirklich fit bist.

3. Jedes Fach am nächsten Tag bedeutet eine Hausaufgabe

Falls du dir gerade eben gedacht hast, dass deine Lehrer kaum mündliche Hausaufgaben aufgeben, dann irrst du dich. Alle Lehrer erwarten von dir, dass du die Hefteinträge durchliest und in der Lage bist, den Inhalt der letzten Stunde in deinen Worten wiederzugeben (auch wenn in der Stunde z. B. »nur« ein Film angeschaut wurde). Diese Vorbereitung ist wichtig, um in der Stunde gut mitzukommen. Warum in deinen eigenen Worten? Weil es sonst nur auswendig gelernt ist und nicht wirklich verstanden wurde. Beim reinen Auswendiglernen kann es schnell passieren, dass eine Frage des Lehrers oder eine Aufgabe im Test dich völlig überfordert.

Vergiss also niemals: Am Gymnasium bedeutet jedes Fach am nächsten Tag (außer Sport und Kunst) für dich eine kleine mündliche Hausaufgabe, zusätzlich zu denen, die ausdrücklich aufgegeben wurden.

4. Unterteilung in 45-Minuten-Blöcke

Konzentration ist keine Eigenschaft, die vom Himmel fällt – sie muss gelernt werden. Die täglichen Hausaufgaben bieten ein gutes Übungsfeld. Wenn du dir bei deinen Hausaufgaben angewöhnst, 45 Minuten konzentriert am Ball zu bleiben, dann wirst du diese Fähigkeit auch in Prüfungen abrufen können. Idealerweise teilst du dir deine Hausaufgaben also so ein, dass du sie in zwei 45-Minuten-Blöcken, unterbrochen durch eine fünf- bis 15-minütige Pause, erledigst. Ohne diese Erholungspause würde deine Konzentration vermutlich rasch abfallen – daher solltest du sie auch dann machen, wenn du gar kein Verlangen danach spürst. Und natürlich sollte die Pause auch wirklich der geistigen Erholung dienen. Tätigkeiten wie Chatten, Computerspielen, Lesen, Fernsehen sind dazu überhaupt nicht geeignet, jede Art von körperlicher Bewegung oder auch absolute Ruhe dagegen sehr wohl.

5. Zeitgefühl trainieren

Versuche, vor jeder Teilaufgabe aus dem Bauch heraus zu schätzen, wie viel Zeit du für diese Aufgabe benötigst. Das wird dir vermutlich am Anfang noch schwerfallen, aber probiere es einfach mal nach Gefühl.

Beispiel: Jule soll in Englisch drei Aufgaben im Übungsheft machen und einen kurzen Text übersetzen. Sie überfliegt die drei Übungen sowie den zu übersetzenden Text und schätzt dann, für *Englisch schriftlich* insgesamt etwa 20 Minuten zu benötigen.

Fange mit der Bearbeitung erst an, nachdem du wie Jule eine Schätzung vorgenommen hast, und behalte dann während der Bearbeitung die Zeit im Auge (du solltest also immer eine Uhr in der Nähe haben). Am Ende kannst du deine Schätzung mit der Wirklichkeit vergleichen.

Im Beispiel oben benötigt Jule tatsächlich 30 Minuten – also um die Hälfte mehr als geschätzt. Sie lernt daraus, eher etwas mehr Zeit anzusetzen.

Auch deine Schätzungen werden mit der Zeit immer genauer, und dein Zeitgefühl wird sich stark verbessern. Bei schriftlichen Prüfungen hast du damit einen klaren Vorteil, denn hier kommt es entscheidend darauf an, die knappe Zeit richtig einzusetzen. Ich habe schon Kinder erlebt, die an einer Aufgabe so lange herumgewurstelt haben, dass sie kaum noch Zeit für die vier anderen hatten. So etwas wird dir dann sicher nicht passieren.

Wenn du dir die Punkte 1–5 angewöhnen möchtest, hilft dir mit Sicherheit ein kleiner Plan, den du täglich in zwei bis drei Minuten vor den Hausaufgaben anfertigst. Du notierst dort die Hausaufgaben und die Reihenfolge, in der du sie erledigen möchtest, planst deine Pause und schätzt, wie viel Zeit du pro Aufgabe benötigen wirst. Im Anschluss an die Aufgabe notierst du die Abweichung.

Aufgabe	Zeit	Abw.
M (s)	20	+5
Ek (m)	10	0
E (s)	15	0
NT (m)	10	0
Pause		
E (m)	15	−10
NT (s)	10	−5
D (m)	15	+5

6. Ergebnisse selbst kontrollieren

Mache es dir nicht zu einfach, und lasse nicht einfach, wenn überhaupt, nur deine Eltern nach Fehlern suchen. Wenn du dir die Selbstkontrolle bei Hausaufgaben nicht angewöhnst, werden dir auch in Prüfungen die »dicksten« Fehler nicht selbst auffallen. In Mathematik z. B. solltest du deine Ergebnisse immer noch einmal überprüfen, indem du dich fragst: Ist das ein sinnvolles Ergebnis? Falsche Ergebnisse bei Textaufgaben sind manchmal so weit von der Wirklichkeit entfernt, dass sie einem eigentlich verdächtig erscheinen müssten. Doch wer danach nicht fragt, dem wird auch nichts auffallen. Ebenso kann man viele Fehler sofort erkennen, indem man Aufgaben grob überschlägt. Wenn der Überschlag Meilen entfernt ist von deinem Ergebnis, ist das ein guter Grund, noch einmal nachzurechnen.

7. Eltern möglichst nicht beanspruchen

Es ist gar nicht so toll, wie du vielleicht denkst, wenn dir deine Eltern bei den Hausaufgaben helfen können. Es ist natürlich ungemein beruhigend und auch überaus bequem, jemanden in der Nähe zu haben, der einem gute Tipps gibt. Der Haken an der Sache: Je häufiger du dir helfen lässt, desto weniger selbstständig wirst du. Sobald du aber auf dich allein gestellt bist, und bei einer Prüfung ist das leider so, überkommt dich eine große Unsicherheit. Schüler dagegen, die bei den Hausaufgaben lernen, mit Problemen selbst fertigzuwerden, kann auch bei einer Prüfung so schnell nichts erschüttern. Im folgenden Abschnitt gebe ich dir ein paar Tipps, wie du lernen kannst, Probleme selbstständig zu meistern.

👍 Probleme selbstständig meistern

Eine relativ große Quelle an Schwierigkeiten wird bereits versiegen, wenn du, wie im letzten Kapitel empfohlen, deine Hefte liest (= mündliche Hausaufgabe), bevor du dich an die Aufgaben (= schriftlich) machst.

Beispiel Mathe: Die mündliche Hausaufgabe besteht darin, dass du dir anhand des Hefteintrags noch einmal in Erinnerung rufst, was im Unterricht behandelt wurde. Schau dir die betreffenden Aufgaben und die Lösungswege genau an und versuche, sie mit deinen Worten zu beschreiben. Wenn du aus deiner Mitschrift nicht schlau wirst, könnte das auch ein Hinweis darauf sein, beim Schreiben mehr mitzudenken und ruhig auch mal etwas zu notieren, was nicht an der Tafel steht – damit du es später besser verstehst. Ansonsten hilft das Schulbuch weiter. Ich weiß, dass es nicht jedem Schüler liegt, mit dem Schulbuch zu lernen, aber das ist nur eine Frage der Übung. Wer es häufiger heranzieht, findet sich darin immer besser zurecht. Ein Beispiel: Jonathan hat das Thema »Maßstab« im Matheunterricht nicht verstanden und kommt auch mit dem Hefteintrag nicht weiter. Seine Mutter hat ihm vorgeschlagen, mal im Buch nachzulesen. Aber wo findet er das Thema? Er schlägt die Seite mit den Hausaufgaben auf, die seine Lehrerin heute an die Tafel geschrieben hat. Dann blättert er zurück und überfliegt die Rechenbeispiele, die er aber trotz der Erläuterungen auch nicht versteht. Er blättert also noch weiter vor und beginnt, ganz am Anfang des Kapitels »Maßstab« zu lesen. Nach jedem Absatz fasst er das Gelesene mit seinen eigenen Worten zusammen. Manchmal muss er einen Absatz mehrmals lesen, um seinen Sinn zu begreifen. Mehrmals stößt er auf den Begriff »Zehnerzahl«, der ihm nichts sagt. Irgendwann überwindet er sich und sucht hinten im Stichwortverzeichnis nach dem unbekannten Wort – und findet es auch. Nachdem er herausgefunden hat, was eine Zehnerzahl ist, fällt ihm der Text zum Thema »Maßstab« schon viel leichter. Am Ende versteht er sogar die Rechenbeispiele und kann jetzt die schriftliche Hausaufgabe erledigen.

Wenn du später bei dem schriftlichen Teil der Hausaufgabe dennoch auf Schwierigkeiten stößt, hängt es vermutlich mit der Aufgabenstellung zusammen. Oft denkt man sich im Nachhinein: »Hätte ich doch gekonnt, wenn ich nur gewusst hätte, dass ich das machen soll!« Manchmal muss man die Aufgabe einfach *mehrmals lesen*, oft hilft es auch, die Aufgabenstellung *umzuformulieren*. Versuche es mit deinen eigenen Worten und scheue dich nicht, einfache Worte zu finden.

Ein Schmierblatt, auf dem man einfach mal einen Ansatz ausprobiert oder eine Skizze anfertigt, ist ebenfalls gut. Gib dir dazu 10 Minuten Zeit, manchmal kommt die Idee völlig unerwartet. Falls nicht, solltest du die aktuelle Aufgabe *abbrechen* und mit den Hausaufgaben weitermachen, die du garantiert kannst. Dieses Abbrechen hat mehrere Vorteile: Zum einen müssen die anderen Hausaufgaben nicht darunter leiden, dass du in dem einen Fach Schwierigkeiten hast. Außerdem verbessert sich deine Gefühlslage, weil du wieder vorankommst und vielleicht in den anderen Fächern Erfolgserlebnisse hast. Wenn du dir das Problem dann später noch einmal vorknöpfst, kann es durchaus passieren, dass dir plötzlich die Lösung wie von selbst einfällt.

Und wenn nicht, kannst du immer noch deine Eltern fragen. Oder am nächsten Tag deinen Lehrer.

Eltern und Hausaufgaben

Wie stark sollen und dürfen sich Eltern bei den Hausaufgaben und beim häuslichen Lernen generell engagieren? Vermutlich haben Sie, seit Ihr Kind die Schule besucht, von Lehrern und anderen Experten dazu sehr unterschiedliche Meinungen gehört. »Bloß nicht zu viel inhaltliche Hilfestellung«, warnen die einen, andere dagegen fordern sogar dazu auf, mit dem Kind gemeinsam mehr zu lernen und zu üben.

Eine allgemeingültige Empfehlung zu geben ist deshalb so schwer, weil das richtige Maß von einer Vielzahl von Faktoren abhängt: der Begabung des Kindes, seiner Arbeitsdisziplin, der Qualität der Beziehung zwischen Eltern und Kind, dem Bildungshintergrund und den Leistungserwartungen der Eltern und vielem anderen mehr. Ich werde mich daher unter »Basics« zunächst den Aufgaben und Unterstützungsmaßnahmen widmen, die als unumstritten gelten und von schulischer Seite auch von Ihnen erwartet werden. Unter »Kür« sollen die Chancen und Risiken jener Hilfestellungen erörtert werden, die über das Pflichtpensum hinausgehen.

Basics

Hilfreich und empfehlenswert sind alle Maßnahmen, die darauf abzielen, der Hausaufgabe und dem häuslichen Lernen Struktur zu geben. Vor allem Anfängern am Gymnasium tut es gut, wenn ihre Eltern von Beginn an auf bestimmte Vorgehensweisen Wert legen und nicht müde werden, diese von ihnen einzufordern. Was Sie von Ihrem Kind erwarten können und sollen:

- dass es im Unterricht in einem eigens dafür vorgesehenen Heft notiert, welche Hausaufgaben aufgegeben sind,
- dass es bei der Hausaufgabenbesprechung im Unterricht selbstständig kontrolliert, welche Aufgaben richtig und welche falsch bearbeitet wurden, und dies auch im Heft festhält (mit Bleistift abhaken oder stichpunktartige Verbesserung) – eine wichtige Grundlage für die nächste Prüfungsvorbereitung,
- dass es die Hausaufgabenerledigung nach der Schule nicht aus reiner Unlust vor sich herschiebt,
- dass es während der Erledigung konzentriert arbeitet und sich auf dem Schreibtisch und in seiner Nähe keine Ablenkungen befinden (Handy, Spiele, Comics/Bücher),

- dass es seine Hausaufgaben, wie im Hausaufgabenheft notiert (siehe oben), vollständig erledigt und nur in Ausnahmefällen abbricht: wenn etwa trotz mehrerer Versuche (nachweisen lassen!) eine Lösung nicht gelingt oder wenn die Hausaufgabenzeit bereits zwei Stunden übersteigt,
- dass es seinen Schulranzen für den nächsten Tag ordentlich und vollständig packt und auf alle Fächer auch mündlich vorbereitet ist – als Leitfaden dient der Stundenplan.

Vielleicht wundern Sie sich bei den ersten zwei Punkten darüber, dass Sie Vorgänge kontrollieren sollen, die gar nicht zu Hause stattfinden. Macht das nicht die Lehrkraft? Nein, diese wird vielleicht hin und wieder Hefte einsammeln und Rückmeldung geben, aber ob Ihr Kind bei jeder Hausaufgabenverbesserung zuverlässig mitschreibt oder ob es seine Hausaufgaben notiert, kann sie gar nicht in dem Maße kontrollieren, wie es bei manchen Schülern notwendig ist – dieser Job bleibt an Ihnen hängen.

Alle hier aufgeführten Basics sollten zumindest anfänglich von Ihrer Seite kontrolliert werden. Wann? Das hängt natürlich stark von Ihrem eigenen »Stundenplan« ab. Eltern, die z. B. aus beruflichen Gründen keine Gelegenheit haben, die Hausaufgabenerledigung »live« zu überwachen, könnten mit ihrem Sprössling folgende Vereinbarung treffen: Er notiert, bevor er mit den Hausaufgaben beginnt, kurz die einzelnen Aufgaben und später auch die Zeiten wie in dem weiter oben abgebildeten Hausaufgabenplan. Anhand dieses »Protokolls« können die Eltern dann am späten Nachmittag oder abends mit dem Kind über die Aufgaben sprechen und stichprobenartige Kontrollen vornehmen.

Die Anfertigung eines Hausaufgabenplans ist auch dann gut, wenn Sie während der Hausaufgabenerledigung zu Hause sind. Sie könnten mit Ihrer Tochter oder Ihrem Sohn vereinbaren, Ihnen zu Beginn immer einen solchen Plan vorzulegen. Bevor es dann an die möglichst selbstständige Erledigung geht, könnten Sie checken, ob der Plan vollständig ist und ob die s-m-s-Regel (s. o.) eingehalten wird.

Was machen Sie aber, wenn Sie bei Ihrer nachträglichen Kontrolle auf grobe Versäumnisse stoßen? Ein zeitlicher Puffer von 30 Minuten im Anschluss an Ihre Kontrolle sollte für solche Fälle zur Verfügung stehen. Wenn diese halbe Stunde nicht ausreicht und der Abend bereits fortgeschritten ist, würde ich auf den Rest verzichten – dafür aber mit dem Kind über die Gründe sprechen und mit ihm eine Lösung finden, wie die Hausaufgaben künftig komplett erledigt werden können.

Während manche Eltern auf Kontrolle ganz verzichten können, weil sie ihr Kind bereits aus der Grundschulzeit als sehr gewissenhaft kennen, müssen andere diese Basics bei ihrer Tochter oder ihrem Sohn vielleicht sogar mit sehr viel Nachdruck einfordern. Da ist Streit natürlich vorprogrammiert – auch wenn diese einfachen Pflichten doch eigentlich sehr wenig Interpretationsspielraum lassen (entweder man führt ein Hausaufgabenheft oder nicht). Im Kapitel »Lernvertrag« stelle ich Ihnen eine Möglichkeit vor, wie Konflikte im Kontext Hausaufgaben klein gehalten werden können.

Kür

Darüber hinaus kann es sinnvoll sein, die Qualität der erledigten Hausaufgaben zu überprüfen und zusätzliche Übungen anzuregen:

- Wurden die schriftlichen Hausaufgaben korrekt erledigt, formale Aspekte (Datum, Überschrift, übersichtliche Darstellung) und Rechtschreibung beachtet?
- Ist das Kind auf jedes Fach am nächsten Tag mündlich vorbereitet, beherrscht es aufgegebene Vokabeln und kann es die Hefteinträge der letzten Stunde in eigenen Worten wiedergeben? Wählen Sie dazu stichprobenartig zwei Fächer mit Hefteintrag aus und lassen Sie diesen von Ihrem Kind wiedergeben. Was Vokabeln betrifft, so hat sich die ungeordnete Abfrage (also andere Reihenfolge als im Buch) bewährt, bei der auch die Richtung (Latein → Deutsch, Deutsch → Latein) gewechselt wird. Außerdem sollte auch die genaue Schreibweise mit abgefragt werden.
- Zusätzliche Übungen, vor allem in den Problemfächern, können zu einem besseren Verständnis beitragen und Ihr Kind sicherer im Umgang mit Routineaufgaben werden lassen.

Erfahrungsgemäß können viele Schüler von dieser zusätzlichen Hilfestellung enorm profitieren. Sie lernen dadurch gründlicher, kommen besser vorbereitet in den Unterricht, können mit guten Antworten glänzen und sind für unangekündigte Leistungstests gewappnet. Bei der Lehrkraft hinterlassen sie einen guten Eindruck, denn auch wenn diese auf Elternabenden gern beteuern, es komme ihnen nicht darauf an, dass die Hausaufgaben richtig im Heft stehen – man freut sich letztendlich doch über jede Meldung mit richtigen Ergebnissen.

Unter dem Punkt »Basics« ging es bereits um den zusätzlichen Zeitpuffer von 30 Minuten, der im Anschluss an Ihre Kontrolle oder zu einer späteren Uhrzeit reserviert sein sollte, damit festgestellte Mängel behoben werden können. Diese Zusatzzeit für Nachbesserungen ist nicht als Strafprogramm gedacht, sondern eine Routineeinrichtung. Es versteht sich von selbst, dass sie bei vollständig und gut gemachten Hausaufgaben entfällt.

Zusammengefasst:

- Hausaufgaben + eventuell zusätzliche Übungen (ca. 1,5 Stunden),
- Kontrolle durch Eltern (Basics + eventuell Kür, gleich im Anschluss oder zu späterem Zeitpunkt),
- evtl. Nachbesserungen (maximal 30 Minuten).

Im Idealfall bejaht das Kind diese Maßnahmen, wünscht sich sogar, von der Mutter abgefragt zu werden oder mit dem Vater zusätzliche Übungen zu machen. Mit der Zeit übernimmt es dieses Modell der Eltern für sich und achtet von sich aus auf Gründlichkeit, Fehler und Zusatzübungen.

Leider läuft es nur selten so reibungslos. Sprengstoff birgt diese Form der Kontrolle insofern, als Kinder und Eltern eben doch ganz unterschiedliche Vorstellungen von Qualität haben können. Es kann z. B. passieren, dass ein Kind seine Vokabeln gut gelernt hat, aber später bei der Abfrage nicht überzeugt. Mahnt der abfragende Vater zu Recht an, dass die Vokabeln noch intensiver gelernt werden müssten, um ins Langzeitgedächtnis vorzustoßen, kann sich das für die Tochter oder den Sohn anhören wie »schlampig gelernt« – der Konflikt ist vorprogrammiert.

Viele Kinder fühlen sich von den ständigen Fehlerhinweisen und Aufforderungen ihrer Eltern, mehr und gründlicher zu lernen, zunehmend genervt. Für das Familienklima kann das sehr schädlich sein. Auch für die Einstellung zur Schule. Wenn der Streit wegen Hausaufgaben zum Alltag wird, sollte man sich fragen, ob diese »Serviceleistung« tatsächlich noch ihren Sinn erfüllt oder die negativen Folgen nicht längst überwiegen. Ist die bessere Note es wirklich wert, dass man sich zu Hause ständig zankt oder zur Schulunlust des Kindes beiträgt? Lassen Sie mich an der Stelle die Erfahrung einer Mutter sinngemäß wiedergeben:

»Seit ich mich nicht mehr so stark einmische und Katharina (8. Klasse) ihre schulischen Angelegenheiten selbst regeln lasse, sind die Noten zwar nicht mehr so gut (wenngleich noch immer ausreichend), aber meine

Beziehung zu ihr ist viel besser geworden. Anfänglich hatte ich ein schlechtes Gewissen wegen der nachlassenden Leistung, aber letztlich ist mir das Familienklima wichtiger.«

Was halten Sie von diesem Statement? Bejahen Sie die Einstellung dieser Mutter, oder sträubt sich etwas in Ihnen? Es mag zunächst einmal schwach erscheinen, dass sie ihre Tochter – entgegen der eigenen Leistungserwartung – gewähren lässt und damit weiteren Konflikten aus dem Weg geht. Andererseits hat sie davor ja so einiges unternommen – nur leider mit immer weniger Erfolg, zuletzt sogar mit negativem Ausgang (Schulunlust, vergiftetes Klima). Vor diesem Hintergrund schätze ich den Mut der Mutter, etwas Neues zu probieren und Verantwortung an ihre Tochter zu übertragen. Die Verschlechterung der Noten nimmt sie bestimmt nicht locker hin, aber sie akzeptiert sie – auch weil sich mit der Veränderung ganz neue Chancen für das Lernen und die Lernmotivation ergeben könnten. So, wie sie sich zuvor für die Leistungen der Tochter engagiert hat, steht nicht zu befürchten, dass sie nun zu einem gleichgültigen Laissez-faire übergeht. Vielmehr lässt sie bewusst mehr Freiheiten und steht trotzdem mit guten Ratschlägen und Hilfsangeboten zur Seite. Ich möchte wetten, dass diese bei dem verbesserten Klima viel eher angenommen werden!

Irgendetwas läuft auch schief, wenn Sie persönlich sich bei den Hausaufgaben mit der Zeit immer stärker engagieren, während Ihr Kind sich zunehmend aus der Verantwortung stiehlt. Nicht selten bilden Kinder, deren Eltern ihre Hausaufgaben umfassend kontrollieren, mit der Zeit die Gewohnheit aus, diese ohne eine Spur von eigener Kontrolle zu erledigen. Fangen Sie also bitte nicht an, nach Fehlern zu suchen, bevor Ihr Kind sich nicht selbst dazu bequemt hat. Andernfalls setzen Sie ungewollt Anreize, die Aufgaben hastig und gedankenlos zu erledigen, da ja Mama oder Papa die Fehler schon ausbügeln werden.

Nachhilfe (extern oder durch Eltern)

Damit komme ich zum heikelsten Punkt, bei dem die Meinungen am weitesten auseinandergehen: Wie gehen Sie als Eltern damit um, wenn Ihr Kind verstärkt inhaltliche Hilfe benötigt? Eine Aufgabenstellung ist nicht klar, bestimmte Wörter sind unbekannt, etwas im Unterricht wurde nicht verstanden – als Eltern möchte man solche Probleme so schnell wie möglich aus dem Weg räumen, damit das Kind mit seinen Hausaufgaben vorankommt. Für viele ist es daher selbstverständlich, bei inhaltlichen Problemen sofort zu helfen. Sie greifen dabei auf ihre eigene Schulbildung zurück und teilen sich gemäß ihrer Präferenzen auf, z. B. Papa = Sprachen, Mama = Mathe und Naturwissenschaften. Die Erfahrung einer Mutter dazu:

> »Bis zur neunten Klasse haben mein Mann und ich Philipp bei seinen Hausaufgaben und vor den Prüfungen sehr viel geholfen. Er hat sich einfach sehr schwergetan und wäre ohne diese Hilfe vermutlich gar nicht

so weit gekommen. Inzwischen bekommt er es ganz gut allein hin.«

Wenn ich im Folgenden von »Nachhilfe« spreche, dann meine ich inhaltliche Unterstützung, ganz gleich, ob sie von Eltern oder von externen Kräften geleistet wird, und unabhängig davon, ob sie häufig oder nur selten stattfindet. Sie kann zu einem besseren Verständnis und auch zu besseren Noten führen – nicht zufällig boomt der Nachhilfemarkt. Allerdings hängt erfolgreiche Nachhilfe von einigen Bedingungen ab:

- *Freiwilligkeit:* Helfen Sie nur, wenn Sie von Ihrem Kind darum gebeten werden, und auch nur dann, wenn Ihr Kind sich Mühe gibt und die nötige Motivation zeigt.
- *Geduld:* Wenn Sie die Langsamkeit Ihres Kindes oder seine Begriffsstutzigkeit wütend macht, sollten Sie lieber eine externe Nachhilfe organisieren. Unterschätzen Sie nicht die negativen Auswirkungen für das Selbstbild Ihres Kindes, wenn Ihnen (ungewollt) Sätze wie »Das ist doch kinderleicht – warum verstehst du das nicht?« oder »Geht's vielleicht etwas schneller?« herausrutschen.
- *Nicht übertreiben:* Nachhilfe darf nicht dazu führen, dass das Kind abhängig von ihr wird und sich allein – ob am Schreibtisch zu Hause oder bei einer Prüfung – nicht mehr zu helfen weiß. Das passiert bei zu intensiver Nachhilfe häufiger, als vielen Eltern bewusst ist. Vereinbaren Sie daher mit dem Nachhilfelehrer, dass er auch Übungsphasen einbaut, bei denen Ihr Kind ganz auf sich allein gestellt ist und keinerlei Hilfen erhält. Nach-

hilfe soll auch nicht aus reiner Vorsicht zur Dauerveranstaltung werden. Oft haben Eltern und Kind nach einigen Monaten das Gefühl, dass es inzwischen auch ohne Nachhilfe klappen könnte, und bleiben dann doch dabei, weil sie sich bewährt hat. Dabei wird nur das Risiko absinkender Leistungen bedacht – nicht aber die Gefahr, dass Selbstständigkeit verlernt wird.

- *Distanz zum Ergebnis:* Wer sich derart stark engagiert, möchte natürlich ein positives Ergebnis – was viele Eltern mit einer positiven Note gleichsetzen. Machen Sie sich bewusst, dass mit zunehmendem Engagement von Ihrer Seite der Druck auf das Kind wachsen kann, bei der Prüfung gut abzuschneiden. Sie können dem entgegensteuern, indem Sie den Einsatz, den Ihre Tochter oder Ihr Sohn bei der Vorbereitung zeigt, höher bewerten als das Ergebnis: »Ich bin echt beeindruckt von deinem Kampfgeist und gebe dir dafür die Note 1. Wie auch immer die Prüfung ausgehen wird – für mich hast du allein dadurch schon gewonnen!«

Der Vorteil der externen Nachhilfe liegt allgemein darin, dass sie ihren Job fachlich kompetenter, aber auch emotional distanzierter erledigt, als der eigene Vater oder die eigene Mutter das jemals könnte. Was aber auch erfahrene Nachhilfelehrer oft unterschätzen, ist die Abhängigkeit, die entsteht, wenn Kinder sich zu stark an ihre Präsenz gewöhnen. Entschuldigungen wie »Ich konnte die Hausaufgaben nicht machen, weil meine Nachhilfe auf Freitag verschoben wurde« lassen befürchten, dass der betroffene Schüler sich schon gar nicht mehr zutraut, eine Aufgabe allein zu bewältigen. Auch kommt es vor, dass Kinder und Jugendliche sich am Unterricht kaum noch beteiligen, weil sie die Inhalte zu Hause oder in der Nachhilfe sowieso noch einmal ausführlich und vor allem »besser« erklärt bekommen. Abgesehen davon, dass ein Lehrer, der sich voll und ganz auf einen Schüler einstellen kann, aus dessen Sicht immer der bessere ist: Verlernt wurde hier offenbar die Fähigkeit, ein allgemeines (an die gesamte Klasse gerichtetes) Angebot für sich bestmöglich zu nutzen und die noch offenen Fragen durch Eigeninitiative (melden, Mitschüler fragen, im Buch nachlesen usw.) zu klären. Es mag verlockend sein, den Schulstoff auf dem goldenen Tablett serviert zu bekommen – zu einer Stärkung der Selbsthilfefähigkeit führt dies allerdings nicht.

Häufig beobachte ich auch das Phänomen, dass Schüler mit Nachhilfe »perfekt« auf einen Test vorbereitet werden, dann aber kläglich versagen. Das könnte auch damit zusammenhängen, dass allein schon die fehlende physische Nähe der Nachhilfekraft wie die fehlende Bestätigung, auf dem richtigen Weg zu sein, zu großer Unsicherheit führen.

Gegen Ihre oder externe Hilfe bei den Hausaufgaben ist nichts einzuwenden, solange sie den Sinn und Zweck der Hausaufgabe nicht ad absurdum führt. Vergessen Sie daher nie: Sinn und Zweck der Hausaufgabe ist der Erwerb von Selbstständigkeit im Umgang mit den durchgenommenen

Inhalten – und dazu gehört auch das Erlernen von Problembewältigung. Idealerweise nutzen Sie also auftretende Probleme, um mit Ihrem Kind eine Art Leitfaden einzuüben: Wie gehe ich vor, wenn ich eine Aufgabe nicht auf Anhieb verstehe? Wo kann ich unbekannte Wörter nachschlagen? Was ist zu tun, wenn ich etwas im Unterricht nicht kapiere? Hilfe dieser Art schadet Ihrem Kind sicher nicht, zu viel inhaltliche Hilfe dagegen kann in die Abhängigkeit und in die Hilflosigkeit führen, wie der abgebildete Teufelskreis illustriert.

Hausaufgaben am Gymnasium

Hilflosigkeit
»Kann ich nicht«

Verhalten bei
Schulaufgaben

Keine Erfahrung,
Probleme selbst zu
lösen

Eltern lösen das Problem:
»Sieh her, so geht's«

Ein Beispiel:

Leon kommt aus seinem Zimmer. »Papa, ich kapier das nicht!«

Vater: »Was denn?«

Leon: »Mathe, ich weiß überhaupt nicht, was ich machen soll!«

Vater: »Hast du dir dein Schulheft angeschaut?«

Leon: »Ja, aber da steht so eine Aufgabe nicht drin!«

Vater: »Und im Schulbuch?«

Leon: »Bitte, kannst du mir helfen, das geht doch viel schneller!«

Vater: »Schneller schon, aber das ist nicht das Wichtigste. Wäre doch super, wenn du's alleine schaffst – wenn nicht, kann ich dir später immer noch helfen. Vorschlag: Mach mal mit den anderen Aufgaben weiter und sag mir, wenn du so weit bist.«

Leon (später): »Fertig! Fehlt nur noch Mathe …«

Vater: »Super, in zehn Minuten bin ich bei dir. Bitte schau dir bis dahin das Buch an, ob du dort so eine ähnliche Aufgabenstellung findest!«

Leon (als der Vater schließlich bei ihm ist): »Hier ist so was Ähnliches, aber ich kapier' es trotzdem nicht.«

Vater: »Dann lass mal sehen …«

Analyse: Leons Vater gibt nicht sofort die Hilfestellung, die sein Sohn erwartet. Er verlangt von diesem im Vorfeld drei Selbsthilfeschritte: Schulheft, Unterbrechung, später Buch. Mit jeder Wiederholung dieser Abfolge steigt die Wahrscheinlichkeit, dass Leon diese von sich aus initiiert – was nicht nur für die Hausaufgaben, sondern auch für Prüfungen von Vorteil ist: Sollte er dort einmal bei einer Aufgabe nicht weiterkommen, wird er rechtzeitig abbrechen und mit den anderen Aufgaben weitermachen.

Die hier diskutierten Nebenwirkungen eines verstärkten Engagements dürften all jene Eltern beruhigen, die sich zu so viel Unterstützung ohnehin nicht in der Lage sehen – aus beruflichen Gründen, weil sie selbst nie ein Gymnasium besucht haben oder weil sie die deutsche Sprache nicht gut genug beherrschen, um ihren Kindern bei den Hausaufgaben helfen zu können. Tatsächlich habe ich viele Schüler kennengelernt, die von Anfang an ohne häusliche Lernunterstützung auskommen mussten und sich trotzdem (oder gerade deshalb?) zu guten Schülern entwickelt haben. Eine gesunde Mischung aus Freiheit (ich fühle mich von meinen Eltern nicht bedrängt), Selbstverantwortung (wenn ich nichts mache, werde ich scheitern) und Selbstwirksamkeitsüberzeugung (durch viel Übung werden meine Noten wirklich besser) mag in ihrem Fall dazu beigetragen haben, aber auch die Tatsache, dass elterliche Unterstützung nicht auf Schulbildung und gute Deutschkenntnisse angewiesen ist. Eine Mutter, die ihr Kind oft lobt und dessen Stärken betont, trägt mit dieser wertschätzenden Grundhaltung auch zum schulischen Gelingen bei.

Lernvertrag

Das größte Problem an Hausaufgaben dürfte die Unlust sein, die viele Schüler überkommt, wenn sie auch nur dran denken. Die Eltern werden dadurch zu permanenten Antreibern und liefern sich Auseinandersetzungen mit

Tochter oder Sohn, die Zeit und Nerven kosten. Auf Dauer belasten sie das persönliche Verhältnis und führen auch dazu, dass die Eltern als Lernberater nicht mehr akzeptiert werden. Sie können dann noch so gute Vorschläge machen – die Kinder hören Ihnen einfach nicht mehr zu. Ein Ausweg könnte ein Lernvertrag sein, der zwischen Kind und Eltern abgeschlossen wird.

Lernvertrag

zwischen _____ und Eltern über den

Zeitraum _____

Der Schüler/die Schülerin ist für seine/ihre Hausaufgaben selbst verantwortlich. Er/sie bestimmt, wann und wie lange er/sie Schularbeiten erledigt. Auch das freiwillige Lernen (Wiederholung von Vokabeln, Schulaufgabenvorbereitung) erfolgt in völliger Eigenregie.
Vonseiten der Eltern erfolgen keine Ermahnungen und Vorhaltungen. Sie beobachten unkommentiert das Lernverhalten ihres Sohnes/ihrer Tochter und geben ____ mal wöchentlich in einem Gespräch mit dem Schüler Rückmeldung über ihre Beobachtung. Als fester Zeitpunkt für dieses Gespräch/diese Gespräche wird vereinbart:

_____

Der Schüler/die Schülerin erklärt sich zu folgenden
Leistungen bereit:

_____

_____

_____

Als Konsequenz bei Erfüllung/Nichterfüllung wird
festgelegt:

_____

_____

_____

Sonstige Vereinbarungen:

_____

_____

| _____ | _____ | _____ |
| Ort, Datum | Unterschrift Schüler | Unterschrift Eltern |

Durch den Lernvertrag werden die Rollen neu verteilt. Sie
sind in Sachen Hausaufgabe nicht länger Nervensäge. Ihr
Kind muss nicht gegen Sie ankämpfen – was ihm die
Chance eröffnet, zum Manager seiner schulischen Angelegenheiten zu werden. So weit die Idee. Sie kann Wirklichkeit werden, nur sollten Sie Ihren Anspruch herunter-
schrauben und den Vertrag im Alltag nicht zu kleinlich

auslegen. Höchstwahrscheinlich werden Sie jeden Tag viele Verstöße feststellen und die Zähne zusammenbeißen müssen, damit Sie nicht explodieren. Schreiben Sie stattdessen Ihre Beanstandungen auf, und denken Sie an das nächste Gespräch mit Ihrem Kind. Halten Sie Ihren Part konsequent ein – auch wenn Ihnen das sehr einseitig vorkommt. Die kleinste Verbesserung bei Ihrem »Vertragspartner« ist Grund genug, den Vertrag fortzuführen.

Hier noch ein paar Vorschläge für wirkungsvolle Konsequenzen. Beginnen wir mit den *Belohnungen* bei Vertragserfüllung:

Man könnte z. B. vereinbaren, dass sich das Kind täglich drei Punkte verdienen kann: einen dafür, dass es mit der Hausaufgabe selbstständig beginnt, einen für die vollständige Erledigung und einen für die Qualität (äußere Form, selbstständige Fehlerkontrolle). Ein Punktesystem ist dann sinnvoll, wenn Sie während der Hausaufgabenzeit auch zu Hause sind und die Aktivitäten Ihres Sprösslings zumindest im Groben mitverfolgen können. Um den zweiten und dritten Punkt vergeben zu können, müssen Sie sich die Aufgaben natürlich ansehen – was nur dann zu empfehlen ist, wenn Ihr Kind mit einer derartigen Kontrolle einverstanden ist und wenn Sie es schaffen, »cool« zu bleiben und sich auf den Punktabzug zu beschränken, wenn etwas nicht so gelungen ist. Mit den Punkten könnte sich Ihr Kind z. B.

- täglich Spielzeit am Computer,
- ein Ausflugsprogramm seiner Wahl am Wochenende oder
- ein besonders Geschenk verdienen.

Überlegen Sie sich, bevor Sie »in die Verhandlung« gehen, drei oder mehr Belohnungen (die oben genannten sind nur Beispiele – Ihrer Fantasie sind keine Grenzen gesetzt), die für Ihr Kind motivierend sein könnten und für Sie akzeptabel. Aus Ihren Vorschlägen soll Sohn oder Tochter dann auswählen können, was in den Vertrag kommt.

Konsequenzen bei Nichterfüllung

Die festgelegten Konsequenzen treten dann ein, wenn Sie innerhalb einer Woche feststellen, dass Ihr Kind seinen Part eindeutig nicht erfüllt. Am besten Sie nutzen das wöchentliche Gespräch (siehe Vertrag), um dies dem Sohn oder der Tochter mitzuteilen. Bitte halten Sie sich dabei ganz transparent an die »Vertragsstrafen«, die Sie zuvor festgelegt haben. Möglich wären z. B.

- Halbierung der sonst üblichen Fernseh- oder Computerzeit (für die kommende Woche),
- Verschiebung eines attraktiven Freizeitprogramms um eine oder mehrere Wochen,
- Einschränkungen bei weniger wertvollen Freizeitaktivitäten wie z. B. Spielkonsole, die mit den Hausaufgaben konkurrieren.

Konkret könnte ein Lernvertrag also z. B. so aussehen:

Lernvertrag

Zwischen Béla und Eltern
über den Zeitraum Februar bis Ende März

Béla ist für seine Hausaufgaben selbst verantwortlich.
Er bestimmt, wann und wie lange er Schularbeiten
erledigt. Auch das freiwillige Lernen (Wiederholung von
Vokabeln, Schulaufgabenvorbereitung) erfolgt in völliger
Eigenregie.

Vonseiten der Eltern erfolgen keine Ermahnungen und
Vorhaltungen. Sie beobachten unkommentiert das
Lernverhalten ihres Sohnes und geben einmal
wöchentlich in einem Gespräch mit dem Schüler
Rückmeldung über ihre Beobachtung. Als fester
Zeitpunkt für dieses Gespräch/diese Gespräche wird
vereinbart: Donnerstagabend.

Béla erklärt sich zu folgenden Leistungen bereit:

* jeden Tag spätestens 30 Minuten nach dem
  Mittagessen mit den HA zu beginnen,

* mind. 1 Stunde konzentriert HA zu erledigen,
  s+m, danach Bearbeitungsplan zur Kontrolle
  vorzulegen,

* vor Schulaufgaben in Französisch und Mathe
  mindestens eine Woche lang täglich zusätzlich
  30 Minuten zu lernen.

Als Konsequenz bei Erfüllung/Nichterfüllung wird festgelegt:

* jeden Tag maximal drei Punkte (0 Punkte bei Nichterfüllung)

* 30 Punkte → Skyline-Park oder Alpamare am folgenden WE

* 30 min Computer/Fernsehen an Werktagen nur bei mindestens 2 Punkten

Sonstige Vereinbarungen:

Vertrag wird nach Ablauf um weitere 2 Monate verlängert, wenn beide Seiten zufrieden mit dem Ergebnis sind.

| _____ | _____ | _____ |
| Ort, Datum | Unterschrift Béla | Unterschrift Eltern |

Gut möglich, dass auch der Lernvertrag oder eine andere Methode des »sanften Drucks« nicht das gewünschte Ergebnis bringt und Ihr Kind seine Hausaufgaben unvollständig, unordentlich, jedenfalls nicht zu Ihrer Zufriedenheit erledigt. Dies soll kein Grund sein, auf Elternseite in Panik zu verfallen und härtere Geschütze aufzufahren. Machen Sie sich klar: Für den Schulerfolg tragen nicht allein Sie, sondern auch Ihr Kind Verantwortung. Lernen lässt sich (im Vergleich zu vielen anderen Handlungen) eben nicht erzwingen. Sie haben versucht, zu motivieren und hilfreiche Wege aufzuzeigen. Es liegt nun an Ihrer Tochter oder Ihrem Sohn, daraus etwas zu machen.

Wer die Hilfe nicht annimmt, muss mit den Konsequenzen leben: den schlechten Noten, der Angst, sitzen zu bleiben und die lieb gewonnene Klassengemeinschaft zu verlieren. Viele Eltern versuchen krampfhaft, ihr Kind (und sich selbst) vor solchen Folgen zu bewahren – und erreichen damit nur noch weniger Motivation. Bessere Strategien im Umgang mit schulischen Krisen finden Sie im Kapitel »In schwierigen Situationen richtig unterstützen«.

Prüfungen vorbereiten

Steht eine Prüfung an, gehen Schüler sie auf ganz unterschiedliche Weise an. Die einen könnten sie entspannt auf sich zukommen lassen. Da sie das Thema beherrschen, im Unterricht gut mitmachen und ihre Hausaufgaben zuverlässig erledigen, müssten sie eigentlich nicht allzu viel zusätzlichen Lernaufwand betreiben, um eine Drei zu schaffen. Freilich haben gerade die solide arbeitenden Schüler oft viel größere Ambitionen und fangen deshalb schon mindestens eine Woche vorher mit einer umfassenden Wiederholung des Prüfungsstoffs an. Kein Wunder, dass diese eher kleine Gruppe für gewöhnlich die Einser und Zweier abräumt.

Eine beunruhigend große Gruppe bilden die »Bulimielerner«, die noch wenige Tage vor der Prüfung von nichts eine Ahnung haben, um sich dann in wenigen, dafür aber sehr intensiven Lernsessions von 0 auf 100 hochzutunen. Sie landen mehrheitlich im Leistungsmittelfeld und verstehen einfach nicht, warum ihnen in der Prüfung so vieles nicht mehr eingefallen ist, was doch am Vortag noch ganz präsent war.

Die Gruppe der Arbeitsvermeider wiederum zeigt weder im Unterrichtsalltag noch im Vorfeld der Prüfung erkennbaren Aufwand. Viele von ihnen sind begabte Spekulanten und haben das Prinzip der Einsatzminimierung perfektioniert. Die Fünfer und Sechser, die sie für ihre schlechten Leistungen kassieren, erschüttern sie nicht nachhaltig, denn längst haben sie ausgerechnet, dass sie mit ein paar Dreiern in Mitarbeit noch auf 4,45 kommen und damit das Jahr schaffen – könnten.

Wen vermissen Sie in dieser – zugegeben sehr groben – Typologie? Richtig, die Verzweifelten, die trotz hohen Einsatzes auf keinen grünen Zweig kommen, weil ihnen z. B. das Fach nicht liegt oder weil sie unter Prüfungsangst leiden. Außerdem darf nicht der Typ »Super-Brain« unterschlagen werden, also Schüler, die auch bei mäßigem Einsatz dank ihrer brillanten Auffassungsgabe gern mal für eine Eins gut sind und dabei so manchen normalbegabten Streber vor Neid erblassen lassen.

Kurzum, der Lerneinsatz vor einer Prüfung und dessen Ertrag hängen von vielen persönlichen Variablen ab: Motivation, Anspruch, Begabung, Frustrationstoleranz und so weiter. Was allerdings auf alle Schüler zutrifft: Jeder kann oder könnte mit einer guten Vorbereitungsstrategie seinem Glück auf die Sprünge helfen. Für den ewigen Dreier-Schüler könnte dabei auch mal eine Zwei oder sogar eine Eins herausspringen. Und der vermeintliche Fünfer-Kandidat hätte gute Chancen, endlich mal nicht »Mangelhaft« unter seiner Arbeit zu lesen.

Unterteilt man die Zeitspanne zwischen zwei Prüfungen in einem Fach, so könnte man zwei Abschnitte unterscheiden: die eher entspannte Phase, in der kaum jemand in der Klasse an die nächste Arbeit denkt oder darüber spricht, und die heiße Phase, in der die Prüfung vor der Tür steht und somit die Gedanken vieler Schüler, aber auch den Unterricht zunehmend beherrscht. Schauen wir uns diese beiden Phasen einmal näher an. Ich spreche dabei Ihre Tochter bzw. Ihren Sohn mal wieder direkt an.

Die entspannte Phase

Die entspannte Phase in einem Fach beginnt am Tag nach der Prüfung. Allen in der Klasse – außer vielleicht dem Lehrer – ist klar, dass die nächsten Tage Ausruhen angesagt ist bzw. Kräfteschonen für all die anderen Fächer, in denen die Prüfungen erst noch kommen. Bis der Lehrer die Arbeit korrigiert und herausgegeben hat, ist mal grundsätzlich keine Überraschung zu erwarten. Und auch sonst können sich die meisten ausrechnen, dass sie vorerst verschont werden. So bleiben in den nächsten Tagen und Wochen viele Hausaufgaben unerledigt, und man lässt den Lehrer vorläufig da vorne unterrichten und hört höchstens dann genauer hin, wenn es interessant scheint.

Findest du dich in dieser Stimmungsbeschreibung wieder? Nein? Dann herzlichen Glückwunsch – du hast anscheinend begriffen, dass es wenig bringt, sich erst in der heißen Phase wieder ernsthaft und zuverlässig mit dem neuen Stoff zu befassen. Wem dieser Schlendrian dagegen bekannt vorkommt, dem möchte ich die Kapitel »Hausaufgaben« und »So geht regelmäßige Wiederholung« ans Herz legen, wo ich auch die Nachteile des »Bulimielernens« aufzeige. Wer sich erst in der heißen Phase für die neuen Themen so richtig zu interessieren beginnt und auch nur deswegen, weil sie demnächst geprüft werden, der macht etwas grundsätzlich falsch. Mit so einer Haltung wirst du immer hinter deinen Möglichkeiten zurückbleiben.

Vermutlich wendest du ein, dass du doch so viele Fächer und so viele Prüfungen hast und dich deshalb immer nur auf das Fach konzentrieren kannst, in dem die nächste Prüfung ansteht. Aber mal ehrlich: Könntest du das nicht besser organisieren? Müsstest du für die einzelnen Prüfungen überhaupt so intensiv lernen, wenn du schon in der entspannten Phase gut mitmachen und dich auch bei den Hausaufgaben anstrengen würdest? Lies die oben empfohlenen Kapitel und hol dir neue Impulse!

 Die heiße Phase

Du kennst das aus dem Sport: Wer was erreichen will, bereitet sich auf seine Wettkämpfe intensiv vor. Deine besonderen Wettkämpfe heißen »Schulaufgaben«, deren Noten in die Endwertung oft doppelt eingehen. Wer will sich da schon vorwerfen lassen, nicht genügend Vorbereitungsaufwand betrieben zu haben? Wie könnte dein »Trainingslager« für Schulaufgaben aussehen? Ich will es am Beispiel Mathematik zeigen.

Schritt 1: Stoffsammlung

Notiere ungefähr zehn Tage vor der Schulaufgabe die im Unterricht und in den Hausaufgaben gerechneten Aufgaben, die seit der letzten Schulaufgabe drankamen. Ebenso die Verbesserung der Stegreifarbeiten (»Exen«). Sammle nach Themen.

Zählen und Ordnen
                S. 9 Nr. 6, 8, 11, 14
Veranschaulichung von Zahlen
                S. 12/13 Nr. 3, 4, 5, 6, 7, 8, 9, 12
Dezimalsystem
                S. 15/16 Nr. 3, 4, 5, 6, 8, 10, 13, 15, 17
                Stegreifarbeit
Römische Zahlen
                S. 17/18 Nr. 3, 4, 5, 6, 7, 8, 9, 10
Zahlenmengen
                S. 20/21 Nr. 3, 5, 7, 12
Runden
                S. 23 Nr. 3, 5, 7, 9, 11, 14

Schritt 2: Wiederholungsplan anfertigen

Jetzt geht es darum, die gesammelten Aufgaben und Themen, die wiederholt werden sollen, gleichmäßig auf mehrere Tage aufzuteilen. Halte den letzten Tag vorläufig frei. Je nach Umfang der Schulaufgabe und deinem persönlichen Lernstil kannst du natürlich auch mehr Tage zum Wiederholen einplanen.

Montag	Dienstag	Mittwoch	Donnerstag	Freitag	Samstag	Sonntag
Zählen und Ord.	Veransch. nat. Z.	Dezimal-system	Dezimal-system	Römische Zahlen	Zahlen-mengen, Runden	
S. 9 Nr. 6, 8, 11, 14	S. 12/13 Nr. 3, 4, 5, 6, 7, 8, 9, 12	S. 15/16 Nr. 3, 4, 5, 6, 8, 10	S. 15/16 Nr. 13, 15, 17 Stegr.	S. 17/18 Nr. 3, 4, 5, 6, 7, 8, 9, 10	S. 20/21 Nr. 3, 5, 7, 12 S. 23 Nr. 3, 5, 7, 9, 11, 14	für besondere Zwecke freihalten

Schritt 3: Wiederholen (täglich ca. 30–60 Minuten)

Versuche, die Aufgaben, die dein Plan dir vorgibt, möglichst zügig und selbstständig zu rechnen – ohne bei der Lösung im Heft zu spicken! Nur wenn du nicht weiterkommst, schaust du im Heft nach, in dem die Aufgabe bearbeitet wurde. Vergleiche nach jeder Aufgabe deine Lösung und deinen Rechenweg mit der Musterlösung im Heft. Wenn die Aufgabe dir Schwierigkeiten bereitet hat (nicht verstanden, lange gebraucht, verrechnet), kennzeichnest du sie in deinem Plan.

Montag	Dienstag	Mittwoch	Donnerstag	Freitag	Samstag	Sonntag
Zählen und Ord.	Veransch. nat. Z.	Dezimal-system	Dezimal-system	Römische Zahlen	Zahlen-mengen, Runden	
S. 9 Nr. 6, 8, 11, 14	S. 12/13 Nr. 3, 4, 5, 6, 7, 8, 9, 12	S. 15/16 Nr. 3, 4, 5, 6, 8, 10	S. 15/16 Nr. 13, 15, 17 Stegr.	S. 17/18 Nr. 3, 4, 5, 6, 7, 8, 9, 10	S. 20/21 Nr. 3, 5, 7, 12 S. 23 Nr. 3, 5, 7, 9, 11, 14	Fehlerliste noch einmal durchgehen

Schritt 4: Durchgehen der Fehlerliste (letzter Tag)

Rechne noch einmal die Aufgaben durch, die dir Schwierigkeiten bereitet haben. Stelle eine Uhr daneben und achte auf die Zeit. Wenn dir die Zeit in den Schulaufgaben zu knapp wird oder wenn du zu Prüfungsangst neigst, könntest du am Ende zusätzlich noch eine Probeschulaufgabe unter Zeitdruck lösen. Im Internet findest du gute Sammlungen von Prüfungsaufgaben, die zwar meist etwas kosten, aber dafür zu deinem Stoff passen und auch ausführliche Lösungen enthalten.

So ähnlich wie nach diesem Plan kannst du auch bei den Fremdsprachen vorgehen. Statt um Matheaufgaben geht es hier um Vokabeln, Grammatik, Textverständnis, Übersetzungen und Übungen zur Grammatik. Das Prinzip ist aber das gleiche: Teile den Prüfungsstoff auf mehrere Tage auf – wobei es geschickt ist, jeden Tag von all diesen Bestandteilen etwas zu wiederholen und nicht etwa alle Vokabeln an einem Tag. Schwieriger ist es im Fach Deutsch – da hängt die Art der Vorbereitung sehr stark vom Thema ab. Falls du nicht sicher bist, was und wie du lernen sollst, fragst du am besten deinen Lehrer!

Eltern und Prüfungsvorbereitung

Viele Schüler bereiten sich völlig selbstständig vor und benötigen dazu weder Eltern noch Nachhilfelehrer. Was sollten Sie beachten, wenn es bei Ihrem Kind aber nicht so einfach läuft – weil die Motivation fehlt oder weil Sie Ihrem Kind inhaltlich unter die Arme greifen müssen?

Sanfter Druck

Wie bei den Hausaufgaben bewegen Sie sich auch bei der Prüfungsvorbereitung auf einem schmalen Grat. Manche Eltern arbeiten mit sanftem Druck und gestatten Fernsehen/Computer/Smartphone erst dann, wenn die vereinbarte tägliche Extraschicht eingehalten wurde. Ein Vorbereitungsplan mit klar definiertem Pensum für jeden Tag sorgt dabei für Transparenz und vermeidet Streitigkeiten. Diese Art der Führung ist hilfreich, solange Sohn und Tochter mit dem Prozedere grundsätzlich einverstanden sind. Auch wenn sie zwischendurch bocken, wissen sie im Grunde genau, dass es zu ihrem Besten ist. Fehlt dieses stille Einvernehmen – was sich an zunehmenden Streitigkeiten bemerkbar macht –, würde ich an Ihrer Stelle nach einem neuen Weg suchen.

Geld für gute Noten?

Was ist von Geldprämien für gute Noten zu halten? Die meisten Schulpsychologen, die ich kenne, raten davon ab. Allerdings gibt es viele Eltern und Schüler, die damit zeitweise nicht schlecht gefahren sind. Wobei zu fragen wäre, ob bei dieser positiven Einschätzung nur auf den kurzfristigen Notenerfolg geschaut wurde und eventuell unerwünschte Nebenwirkungen außer Acht gelassen wurden.

Die Gegner dieser Methode argumentieren, dass durch das Auszahlen von Geld die »intrinsische Motivation«, also das Lernen um der Inhalte willen, zerstört würde. Statt Neugier werde eine materialistische Grundhaltung gefördert. Das klingt auf Anhieb sehr einleuchtend. Allerdings nur, solange man die Schulwirklichkeit ausblendet. Gehen Sie mal in eine Klasse und fragen Sie die Schüler, warum sie lernen. Mindestens zwei Drittel von ihnen werden antworten: für Noten. Verteilen Sie als Lehrer Referate, müssen Sie keine zehn Sekunden warten, bis der Erste die Frage stellt: »Gibt es dafür Noten?« Und antworten Sie darauf mit einem Nein, ist Ihnen der Protest sicher: »Was hat das dann für einen Sinn?«

Stellen Sie sich vor diesem Hintergrund einen Schüler vor, der sich aus Noten nicht so viel macht. Was zweifelsohne ein sympathischer Zug ist, könnte ihn allerdings die Versetzung kosten, denn besonders strebsam ist er bislang leider auch nicht. Durch seine Unbekümmertheit gegenüber Noten hat er einen klaren Nachteil gegenüber Mitschülern, die brav büffeln, um am Ende gut abzuschneiden. Seine Eltern haben es schon mit gutem Zureden, später mit Druck versucht und nichts erreichen können. An dieser Stelle kommt seine Mutter auf die Idee, die Leistungsbereitschaft ihres Sohnes durch Geldprämien anzukurbeln. Für eine begrenzte Zeit werden ihm also bestimmte, nicht allzu hohe Beträge für Noten in

Aussicht gestellt, die ihn auf einen sicheren Stand bringen können.

Nehmen wir an, die Rechnung der Mutter geht auf und der Sohn strengt sich fortan mehr an. Hat sie ihn dadurch korrumpiert? Wenn Sie mit Ja antworten, dann müssen Sie das fairerweise auch bei den Schülern tun, die sich ausschließlich für Noten ins Zeug legen. Ich sehe in dem beschriebenen Fall dagegen die Chance, dass der zeitlich befristete Geldanreiz zu besseren Noten und damit zu einer ganz neuen Perspektive auf das Fach führt. Im besten Fall entwickelt sich eine Leistungsmotivation, die bald nicht mehr auf Geldbeträge angewiesen ist.

Ich würde daher materielle Anreize nicht grundsätzlich verdammen. Stattdessen möchte ich sie an bestimmte Bedingungen knüpfen: Zum einen sollte das Kind dem Thema »Prüfungen« von Haus aus locker gegenüberstehen und nicht dazu neigen, sich selbst unter Druck zu setzen. Dagegen würde ich umso eher davon abraten, je leistungsorientierter Ihr Kind ohnehin schon ist. Selbstverständlich sollten Geldversprechen auch nicht aus reiner Bequemlichkeit gemacht werden – als Ersatz für echte Zuwendung und pädagogische Opferbereitschaft taugen sie nicht. Ungeeignet ist die Methode auch dann, wenn übertrieben hohe Ansprüche bestehen, wenn sich also der Herr Sohn oder die Frau Tochter nur mit großen Beträgen hinter dem Ofen hervorlocken lässt.

Abhängigkeiten vermeiden

Im Kapitel »Hausaufgaben« habe ich bereits davor gewarnt, und das gilt auch für die Prüfungsvorbereitung: Wenn Ihr Kind sehr intensiv mit Ihnen oder einem Nachhilfelehrer lernt, darf das Thema »Selbstständigkeit« nicht aus dem Blickfeld geraten. Allen gegenteiligen Beteuerungen zum Trotz stelle ich bei manchen meiner Schüler fest, dass sie ohne Aussicht auf Hilfestellung ziemlich aufgeschmissen sind. Sitzt jemand daneben oder zumindest in Reichweite, um ab und zu kleine Impulse zu geben, kommen sie mit den gestellten Aufgaben ganz gut zurecht. Aber wehe, sie sind auf sich allein gestellt! Dann geht plötzlich gar nichts mehr. Dummerweise beschreibt Letzteres die Prüfungssituation. Umso wichtiger wäre es, sich vor der Prüfung an diese Situation zu gewöhnen und ganz ohne Hilfe typische Aufgaben zum jeweiligen Thema, also Standardaufgaben, zu bearbeiten. Die eigenständige Vorbereitung kann auch den Druck mindern, die Eltern, die sich im Vorfeld so sehr engagiert haben, nicht enttäuschen zu wollen.

Wiederholung von Grundwissen

Vor allem in den Fremdsprachen, aber auch in Mathematik, Physik und Chemie hängt das Verständnis neuer Inhalte stark davon ab, wie gut das Vorwissen sitzt. Oft kommen Schüler im Unterricht nicht mit. Je nach Typ und Fach suchen sie die Schuld dann beim Lehrer (erklärt schlecht), bei ihrer fehlenden Intelligenz (für Mathe bin ich einfach zu blöd), oder sie machen das schwierige Thema dafür verantwortlich. Bei näherer Betrachtung würden allerdings viele Schüler feststellen, dass die aktuellen Probleme vor allem auf Lücken im Grundwissen zurückzuführen sind.

Auch wenn Schüler bei Prüfungen scheitern, obwohl der aktuelle Stoff beherrschbar scheint und die Vorbereitung gründlich war, könnte fehlendes Grundwissen die Erklärung sein. Hat nämlich das aktuell antrainierte Wissen keine solide Basis, reichen schon minimale Abweichungen von der gewohnten Aufgabenstellung oder vom eingepaukten Lösungsweg aus, dass diese Schüler ziemlich hilflos dastehen.

Eine wesentliche Ursache für fehlendes Grundwissen dürfte die fehlende Wiederholung sein. Aber auch die hastige, auf kurzfristige Beherrschung angelegte Lern- und

Prüfungskultur im vorherrschenden Schulsystem trägt wesentlich dazu bei.

Bulimielernen

Der Begriff »Bulimielernen« ist bei Lehrern wie bei Kritikern unseres Schulsystems gleichermaßen beliebt und beschreibt einen Lernstil, der ganz und gar auf Prüfungen ausgerichtet ist. Solange keine Prüfung ansteht, wird auf absoluter Sparflamme gelernt. Erst wenn Prüfungen nahen oder (bei nicht angekündigten Extemporalien) vermutet werden, kommt das Motivationssystem in Gang. In diesen Phasen zeigt der Bulimielerner zum Teil enormen Einsatz und unglaubliche Leidensbereitschaft. Die Aussicht auf eine gute Note verleiht Flügel, Nachmittagssitzungen von fünf Stunden aufwärts werden klaglos hingenommen. Sind die Prüfungen beendet, fährt man den Einsatz wieder radikal zurück – vermutlich benötigt man bei diesem Stil tatsächlich erst einmal eine längere Erholungspause. Das für die Prüfungen kurzfristig angeeignete Wissen ist nach kurzer Zeit fast vollständig verflogen – so wie sich eine an Bulimie erkrankte Person nach Fressattacken regelmäßig übergibt.

Eltern und Lehrer verhalten sich bei diesem Phänomen sehr zwiespältig. Einerseits problematisieren sie diesen Lernstil und werden nicht müde, das gründliche, auf das Langzeitgedächtnis abzielende Lernen zu propagieren. Andererseits messen sie selbst den Prüfungen oft viel zu viel Bedeutung bei. Als Lehrer nutzt man gern den Umstand, dass Schüler vor allem dann aufmerksam sind, wenn es um den anstehenden Test geht. Sätze wie »Wer nächste Woche gut abschneiden will, sollte heute besonders gut aufpassen!« sind zwar für die Aufmerksamkeit der Klasse hoch effektiv, entwerten aber gleichzeitig die unterrichteten Inhalte. Lernen fürs Leben sieht anders aus! Wer seinen Schülern oder seinem eigenen Kind vermittelt, dass es vor allem darauf ankommt, in den Prüfungen gut abzuschneiden, darf sich nicht wundern, wenn dieser oberflächliche Lernstil zur Gewohnheit wird. Man kann und muss auch das Schulsystem und die zunehmende Prüfungsdichte dafür verantwortlich machen. Doch das ist nicht das Thema dieses Ratgebers.

Interessanterweise erkennen die Schüler selbst diesen Irrsinn, aber viele sehen kaum eine Chance, es anders zu machen. Warum fällt ihnen das so schwer? Nun, das größte Problem beim Bulimielernen ist das nicht vorhandene Grundwissen. Dem Schüler fehlen infolge des schnellen Vergessens wesentliche Grundbausteine, auf denen der folgende Unterricht aufbaut. Der schulische Alltag ist also bestimmt von Verständnisschwierigkeiten, deren oberflächliche Behebung viel Zeit und Energie beanspruchen kann. Am Ende bleibt gerade noch genug Zeit, sich auf die nächste Prüfung vorzubereiten. So gesehen, ist es wirklich nicht leicht, von diesem Gleis wieder herunterzukommen – aus Sicht des Bulimielerners hat man einfach keine zusätzlichen Reserven, um das Lernen gründlicher anzugehen.

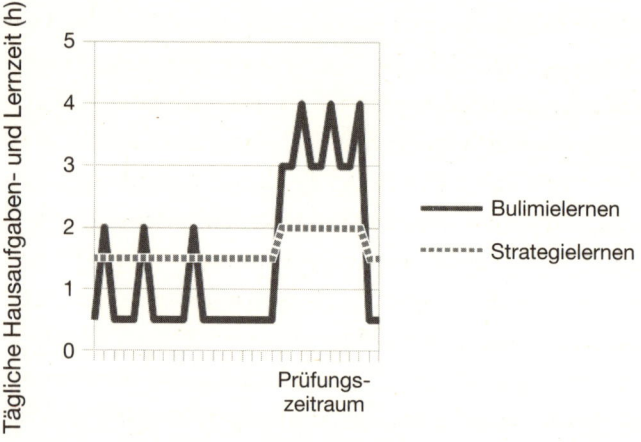

Dabei würde regelmäßiges Lernen enorme Vorteile bieten. Wer seine Arbeitszeit gleichmäßig über den Monat verteilt, erzielt nicht nur bessere Gedächtnisleistungen, sondern hat dabei auch weniger Stress. Vor Prüfungen muss dann längst nicht so viel Aufwand betrieben werden, denn die tägliche Arbeitsleistung hat bereits dafür gesorgt, dass das benötigte Wissen gut abrufbar ist. Dieses Wissen bleibt einem über die Prüfung hinaus erhalten und macht es leichter, die folgenden Inhalte zu verstehen. Unterm Strich, so möchte ich behaupten, bedeutet die Abkehr vom Bulimielernen sogar weniger Arbeitszeit – bei größerem Erfolg.

Konstant lernen und regelmäßig wiederholen

Ich will nicht ausschließen, dass dem Bulimielerner hier und da ein paar gute Noten gelingen. In der Regel und vor allem auf lange Sicht bleibt er jedoch weit unter seinem Leistungspotenzial. Ganz anders der Schüler, der sein Lernen nachhaltig angeht: Er hält das ganze Schuljahr über ein mittleres, aber gleichmäßig hohes Arbeitspensum aufrecht, wiederholt regelmäßig Vokabeln, die wichtigsten Regeln und Techniken aus aktuellen und früheren Kapiteln und könnte jederzeit ohne erhöhten Zusatzaufwand und Stress eine Prüfung zum aktuellen Thema bestehen. Natürlich wird auch er vor angekündigten Tests ein paar Extrastunden einlegen, aber das meiste hat er durch seine regelmäßige Arbeit längst im Langzeitgedächtnis abgespeichert.

Vorwissen ist, wie man aus der Lernforschung weiß, eine sehr entscheidende Komponente bei der Aneignung neuen Wissens.

Die regelmäßige Wiederholung von Grundwissen gehört daher zu den Aufgaben, die zwar erwartet, von schulischer Seite aber kaum kontrolliert werden kann – mit verhängnisvollen Folgen. Schüler mit überdurchschnittlicher Merkfähigkeit sind besonders gefährdet, denn in den ersten Schuljahren scheint es so, als hätten sie es gar nicht nötig, regelmäßig zu wiederholen. Folglich eignen sie sich die dazu notwendigen Strategien nicht an und bekommen die Quittung dafür erst viel später, dafür aber umso heftiger. Selbst hochbegabte Kinder können sich durch diese Nachlässigkeit ins Aus manövrieren. Die von psychologischer Seite gern vorgebrachte Unterforderungshypothese wird in diesem Kontext vielleicht besonders verständlich: Das Problem entstand eben dadurch, dass der Schüler lange Zeit nicht gefordert war, ausdauernd und regelmäßig zu lernen.

Aber auch viele ganz normal begabte Schülerinnen und Schüler sehen nicht ein, warum sie Grundwissen wiederholen sollen, und halten ihre Eltern, die darauf drängen, für rückständige Besserwisser. Daher ist es an der Zeit, dass ich mich wieder direkt an Tochter und Sohn wende.

 ## So geht regelmäßige Wiederholung

Im Kapitel »Hausaufgaben« habe ich dir unter anderem nahegelegt, für jedes Fach am nächsten Tag etwas zu lernen – auch wenn die Lehrkraft keine Hausaufgaben aufgegeben hat. So bist du immer gut vorbereitet, kannst mitreden und siehst auch bei einer überraschenden Leistungserhebung (»Ex«) nicht alt aus.

Genauso wichtig ist es, aus eigenem Antrieb regelmäßig Vokabeln, aber auch Grundwissen in anderen Hauptfächern wie z. B. Mathematik zu wiederholen. Vor allem in deinen Problemfächern kannst du dich dadurch enorm verbessern. Ob du dabei Hilfsmittel wie Karteikarten, einen Vokabelkasten mit verschiedenen Fächern oder Lernsoftware einsetzt, ist gar nicht so entscheidend. Viel wichtiger ist die Regelmäßigkeit und dass du deine Sammlung an Grundwissen dem aktuellen Stand anpasst.

Ich möchte dir das Prinzip am Beispiel Mathematik erläutern. Du solltest es dir zur Angewohnheit machen, aus jedem Thema, das ihr im Unterricht behandelt, die wichtigsten Regeln in deine Grundwissenssammlung mit aufzunehmen. Gut geeignet sind dazu Karteikarten, die auf der einen Seite mit einer Frage, auf der Rückseite mit der passenden Antwort beschriftet werden. Hier ein paar Beispiele aus unterschiedlichen Klassenstufen.

Wie werden zwei ganze Zahlen addiert?	Falls gleiche Vorzeichen: Addition der Beiträge, Vorzeichen übernehmen Ansonsten: kleineren vom größeren Betrag abziehen, Vorzeichen der Zahl mit dem größeren Betrag übernehmen
Vorderseite	Rückseite

$\dfrac{1}{2} + \dfrac{2}{3} = ?$ Was ist zu beachten?	Vorsicht: erst auf den gleichen Nenner bringen! $\dfrac{1}{2} + \dfrac{2}{3} = \dfrac{3}{6} + \dfrac{4}{6} = \dfrac{7}{6}$
Vorderseite	Rückseite

Das Beschriften solcher Karten ist natürlich mit zusätzlicher Arbeit verbunden, andererseits ist es eine kreative Leistung und damit schon einmal eine sehr gute Wiederholung des Schulstoffs. Mit der Zeit wird deine Sammlung an Karten immer größer – umso wichtiger, dass du dir mindestens einmal in der Woche Zeit nimmst und eine feste Anzahl Karten durchgehst. »Durchgehen« heißt, dass du

1. die Frage liest,
2. dann die Antwort (vor dem Umdrehen!) möglichst präzise wiedergibst und schließlich
3. deine Antwort mit der Rückseite vergleichst und streng bewertest: Nur wenn deine Antwort zu 100 Prozent richtig ist, kannst du die Karte als »okay« betrachten.

Es ist klar, dass du mit den Okay-Karten anders umgehst als mit den Karten, die du nicht beherrschst. Die unsicheren Karten müssen in Zukunft häufiger wiederholt werden. Dabei kann dir die Lernkartei helfen: Karten, die gut sitzen, wandern bei jeder Wiederholung um ein Fach nach hinten. Karten, bei denen du unsicher warst, kommen wieder ins erste Fach zurück. So behältst du den Überblick über die Karten, die besonders viel Training erfordern.

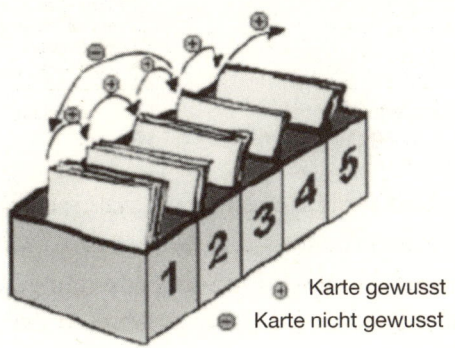

+ Karte gewusst
− Karte nicht gewusst

 Verschiedene Systeme

Das gerade vorgestellte System mit Karteikarten, eventuell kombiniert mit einer Mehr-Fächer-Lernkartei, ist nur eine von vielen Möglichkeiten. Erfahrungsgemäß finden jüngere Schüler dieses System sehr ansprechend, ältere dagegen äußerst »uncool«. Aber niemand zwingt dich dazu, mit Karten und Kasten zu lernen. Wie gesagt, gibt es mehrere Systeme – wichtig ist, dass du überhaupt eines nutzt. Hier ein paar Ideen, wie man noch vorgehen kann.

Lernsoftware

Es gibt im Internet zum Teil kostenlos herunterladbare Programme, die das System der Lernkartei nachbilden. Man muss auch hier Fragen und Antworten selbst per Tastatur eingeben und wird dann vom PC oder Smartphone abgefragt.

Grundwissenheft

Man kann statt Karten natürlich auch pro Fach ein persönliches Heft führen, in dem die wichtigsten Lerninhalte aus dem Unterricht knapp zusammengefasst sind. Dieses Heft geht man dann regelmäßig durch, z. B. eine Seite pro Woche. Einträge, die einem nicht mehr so geläufig waren, markiert man z. B. mit einem Bleistiftkreuz. Einmal im Monat werden alle angekreuzten Einträge noch einmal wiederholt. Wenn man bei dieser Systematik auf der letzten Seite angekommen ist, fängt man wieder von vorn an.

Schulbücher aus früheren Klassen

Eine Methode, die ich vor allem Schülern empfehle, die die ersten Jahre in einem Schulfach »verbummelt« haben: Man besorgt sich die Schulbücher aus den früheren Klassen und geht die Kapitel vom ersten Buch an durch, d. h., man wiederholt aufbauend alle jemals durchgenommenen Kapitel und sammelt die vergessenen Inhalte in einem extra dafür angelegten Heft. Nehmen wir an, es handelt sich um die Fremdsprache Französisch: Pro Lernsitzung nimmt man sich das jeweils nächste Kapitel aus den alten Schulbüchern vor und fragt sich selbst die dort behandelten Vokabeln und Grammatikregeln ab (nicht mehr geläufig = Eintrag ins Heft) und macht ein paar Übungen dazu. Die Hefteinträge werden mindestens einmal monatlich wiederholt. Irgendwann ist man mit allen bisherigen Büchern durch und kommt bei der aktuellen, im Unterricht behandelten Lektion an. Inzwischen hat man im Heft alle früheren Wissenslücken gesammelt und kann an diesen weiterhin gezielt arbeiten.

Diese Methode war übrigens mein persönliches Geheimrezept im Fach Französisch. Ursprünglich wollte ich damit nur verhindern, in der zweiten Fremdsprache genauso erfolglos herumzudümpeln wie bisher schon in Englisch. Als ich dann, binnen kurzer Zeit, zu einem richtigen Französisch-Ass mutierte, war nicht nur ich ziemlich baff, sondern meine Lehrerin und meine Klassenkameraden waren es auch. Aus Hass wurde Liebe: In der Oberstufe wählte ich – untypisch für einen späteren Mathelehrer – sogar den Französisch-Leistungskurs.

Eltern und regelmäßiges Wiederholen

Als Eltern können Sie vor allem in den ersten zwei Jahren am Gymnasium dazu beitragen, dass die regelmäßige Wiederholung bei Ihrem Kind zur Selbstverständlichkeit wird. Mehr noch als bei den Hausaufgaben ist hier Ihr Engagement gefordert, denn von schulischer Seite wird nicht geprüft, ob frühere Vokabeln und Grundwissen immer wieder aufgefrischt werden. Ein Schüler, der dies unterlässt, wird also im Unterricht eventuell lange keine negativen Konsequenzen zu spüren bekommen – und wenn, dann ist für ihn nicht unbedingt ersichtlich, dass seine zunehmenden Probleme mit fehlendem Grundwissen zu tun haben. Darum sollten Sie in der Anfangszeit darauf achten und Ihr Kind dazu motivieren, dass es regelmäßig wiederholt. Vereinbaren Sie mit Ihrem Sohn oder Ihrer Tochter die Fächer (z. B. Mathe + Französisch) und die Tage, an denen Grundwissen aufgefrischt wird, sowie die Systematik, nach der Ihr Kind dabei vorgeht.

Doch Vorsicht: Die ständige Aufforderung zum »Grundwissenlernen« kann, ebenso wie die Hausaufgaben, zum Streitthema werden. Ich möchte Ihnen daher ans Herz legen, in dieser Angelegenheit eher als Motivator und weniger als Kontrolleur zu handeln.

Motivation

Falls Sie glauben, die meisten Lernschwierigkeiten ließen sich durch passende Lerntechniken und -strategien auflösen, liegen Sie leider falsch. Ich halte selbstverständlich viel vom Ansatz des Lernen-Lernens, nur zeigt mir die tägliche Praxis, dass es vor allem auf die Motivation ankommt. Wenn überhaupt, kann man diese in der Unterstufe, zumindest in den ersten beiden Jahren, als natürlich gegeben voraussetzen. Ab der siebten Klasse beginnt die Anstrengungsbereitschaft dagegen schon klassenweise zu bröckeln, und in der neunten Klasse erreicht die allgemeine Schulunlust dann ihren Höhepunkt. Kein Bock auf abstrakte Unterrichtsinhalte, kein Bock auf Stillsein und Ruhig-am-Platz-Sitzen.

Für uns Lehrer ist dies eine echte Herausforderung, zuweilen auch eine Zumutung. Die Überlebensstrategie besteht oft darin, den Unterricht so gut wie möglich durchzuziehen und den Verschleiß auf beiden Seiten als schicksalhaft hinzunehmen – im festen Glauben, dass mit Jugendlichen im hormonellen Ausnahmezustand eben nicht besonders viel anzufangen ist. Dumm nur, dass die Gehirnforschung zu einem ganz anderen Bild von Pubertät kommt: Leistungsmotivation wäre demnach gar kein

Problem, wenn man dem Belohnungssystem der Jugendlichen Reize bieten könnte, die den gewachsenen Ansprüchen gerecht werden. Mit guten Noten und Lob lässt sich da kaum noch jemand hinter dem Ofen hervorholen. Mit interessanten alltagsnahen Lerninhalten dagegen schon. Aus diesem Grund stellen fortschrittliche Schulen ihre älteren Schüler vermehrt vor praktische Herausforderungen. Ob es um die Renovierung einer heruntergekommenen Hütte geht oder um eine Alpenüberquerung mit dem Rad – solche und ähnliche Projekte zeigen: Jeder Jugendliche kann sehr diszipliniert und motiviert bei der Sache sein, wenn er einen Sinn in der Tätigkeit sieht. Leider stelle ich fest, dass die Lehr- und Bildungspläne des Gymnasiums an vielen Stellen weit entfernt davon sind, diesem Bedürfnis der Jugendlichen gerecht zu werden.

Nun gut: Weder Sie noch ich werden daran so schnell etwas ändern können. In der Praxis begegnen mir jedenfalls viele jugendliche Schüler, die sich zum Lernen nicht motivieren können oder – besser gesagt – nicht genügend Handlungskontrolle dafür aufbringen. In den Beratungsgesprächen zeigt sich, dass ein »Gewusst wie« zwar vorhanden ist – nur fehlt es an der Disziplin, dieses Wissen in Handeln überzuführen.

Wie kann fehlende Motivation aufgebaut werden? Einfache »Rezepte« sind meiner Erfahrung nach eher ungeeignet. So unterschiedlich menschliche Charaktere, Veranlagungen, Vorerfahrungen, Lernbiografien, soziale Umwelten sind, so sehr unterscheiden sich Kinder und Jugendliche darin, was sie motiviert. Eine gute Motivationshilfe liegt dann vor, wenn sie den Jugendlichen inspiriert, sich mit dem Thema aktiv auseinanderzusetzen, und nach für ihn geeigneten Methoden suchen lässt. Je kreativer, desto nachhaltiger.

Um diesen Weg der selbst erarbeiteten Motivation zu unterstreichen, spreche ich wieder Ihren Sohn bzw. Ihre Tochter direkt an.

Wann ist man motiviert?

Zunächst möchte ich dir drei Fragen stellen:
- Wie würdest du Motivation definieren?
- Wie hoch schätzt du deine eigene Lernmotivation (1–10) ein?
- Falls eher niedrig: Woran liegt es, dass du bislang nicht mehr aufbringen kannst?

Bitte lasse dir Zeit zur Beantwortung. Du sollst die Fragen vor allem für dich selbst beantworten zur Vorbereitung auf die nachfolgenden Seiten – aber vielleicht hast du auch Lust, die Antworten mit deinen Eltern zu besprechen. Bitte erst weiterlesen, wenn du dir Gedanken dazu gemacht hast! Zum Begriff »Motivation«: Solange eine Person handelt, gibt es Gründe für dieses Handeln. Florian kauft sich ein Eis, weil er Lust darauf hat; Julia räumt ihr Zimmer auf, weil sie weiß, dass es ihr danach besser geht; Jan lernt für eine Klassenarbeit, weil er nicht versagen möchte … Man könnte also sagen, Motivation ist der Grund oder bezeichnet die Gründe dafür, dass Personen bestimmte Handlungen ausführen. Manche Handlung mag einem zunächst ziemlich sinnlos erscheinen, z. B. dreht Claudia sich andauernd ihre Locken um den Zeigefinger – aber auch das geschieht nicht ohne Grund, vielleicht hilft es ihr, Spannung abzubauen. In vielen Fällen ist es übrigens so, dass uns die Gründe für unser Handeln gar nicht bewusst sind. Unser Kaufverhalten ist ein gutes Beispiel dafür: Hier wirken viele unbewusste Kräfte, die uns sehr manipulierbar machen – der Wunsch, etwas Neues, Cooles, Begehrenswertes zu haben; die Angst, zu spät zu kommen und leer auszugehen; der Respekt vor promovierten Experten in weißen Kitteln usw.

Die Gründe für eine Handlung sind also meistens Lust oder Angst (oft unbewusst), manchmal auch Einsicht, dass es gut so ist. Diesen Motiven begegnen wir auch beim Lernen: Es gibt Schüler, die haben tatsächlich Spaß bei den Hausaufgaben und beim Lernen. Das mag damit zusammenhängen, dass sie sich für die meisten Fächer interessieren, vielleicht auch damit, dass sie gute Schüler sind, auf Erfolge zurückblicken und den nächsten »Kick« bei einer Klassenarbeit vor Augen haben. Natürlich ist das nicht die einzige Motivation, denkbar wären z. B. auch folgende Gründe:

- Man ist ehrgeizig und strebt ein bestimmtes Notenniveau an.
- Man genießt die Anerkennung der Lehrer und Mitschüler.
- Man hat Angst davor, die Eltern zu enttäuschen oder als Versager zu gelten.
- Man möchte Sanktionen vermeiden (Computerverbot)
- oder sich etwas verdienen (Geld für gute Noten).

Wie sieht es bei Schülern aus, die zum Lernen wenig Motivation aufbringen? Aus vielen Beratungsgesprächen mit leistungsschwachen Schülern weiß ich, dass den wenigsten eine grundsätzliche Motivation fehlt. Meistens geben diese Schüler an, dass sie das Abitur anstreben und freiwillig das Gymnasium besuchen. Auch haben sie gute Vorsätze, würden gerne mehr leisten – sie können sich nur im entscheidenden Moment nicht aufraffen. Das führt direkt zum nächsten Begriff.

 Demotivation

Motivation wurde definiert als die Gesamtheit der Gründe *für* eine Handlung. Demotivation bezeichnet im Gegensatz dazu die Gesamtheit der Gründe, die *gegen* die Handlung sprechen. Die Aussage »Ich bin demotiviert« muss also nicht heißen, dass kein Interesse an den Inhalten, an guten Noten und Anerkennung besteht. Oft ist dieses

Interesse sehr wohl da, aber die Gründe, *nicht* zu lernen, sind einfach dominanter.

Vier Beispiele:

Nadja hat in Mathe mehrmals hintereinander die bittere Erfahrung gemacht, dass alle Anstrengung vergebens ist. Trotz großem Lernaufwand ist ihr nichts geglückt – also gibt sie sich keine Mühe mehr. Aus ihrer Sicht hat sie ja sowieso nichts mehr zu verlieren. Glückt die Arbeit: super! Wenn nicht: Auch nicht so schlimm, sie hat ja eh nicht viel gelernt.

Fabio hat eine große Schwester, die man als schulisches Genie bezeichnen könnte. Er kann sich nicht daran erinnern, dass sie jemals eine schlechte Note nach Hause gebracht hat, meistens ist sie bei Prüfungen die Klassenbeste. Dass Fabio im Vergleich zu ihr viel schlechter ist, machen ihm seine Eltern nicht zum Vorwurf. Sie würden sich schon über mittelmäßige Leistungen freuen. Aber Fabio spürt – ob nun eingebildet oder nicht –, dass die Schwester immer über ihm stehen wird, uneinholbar. Da es also schulisch für ihn nichts zu gewinnen gibt, unternimmt er keinerlei Anstrengungen für die Schule.

Mareike liebt es, mit ihren Freunden zusammen zu sein, außerdem mag sie Musik und ist gern draußen. Lernen hasst sie, weil es immer einen großen Verzicht bedeutet – auf alles, was Spaß macht.

Viktor hat täglich Auseinandersetzungen mit seiner Mutter wegen der Hausaufgaben. Sie nervt ihn mit ihrer ständigen Kontrolle, ihren Ermahnungen, Ratschlägen und Anweisungen. Er fühlt sich durch sie stark bevormundet und denkt nur noch darüber nach, wie er sich ihrer Überwachung entziehen kann. Freiwillig zu lernen kommt ihm da nicht in den Sinn.

Man könnte diese Liste an Beispielen beliebig erweitern, aber vielleicht findest du dich bereits in einem der vorgestellten Fälle wieder – zumindest ein bisschen. Ich gehe davon aus, dass jeder Mensch motiviert sein möchte für die Handlungen, die er für richtig hält. Daher unterstelle ich dir jetzt einfach mal, dass du schon gern an deiner Motivation arbeiten würdest – nur wie?

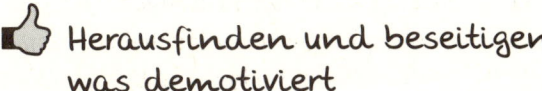 Herausfinden und beseitigen, was demotiviert

Ich empfehle dir, dich zunächst einmal auf die Suche nach den Dingen zu machen, die dich demotivieren. Das ist gar keine leichte Aufgabe, zumal einem die Gründe ja oftmals gar nicht bewusst sind. Andererseits wird man mit allgemeinen Motivationssprüchen nicht weit kommen, wenn das, was dem Lernen konkret entgegensteht, nicht betrachtet wird. Was dir bei der Suche helfen wird, ist eine Unterteilung in vier Bereiche:

Körperlicher Zustand	Gedanken
Gefühle	Äußere Umstände

Diese Bereiche lassen sich, wie du noch feststellen wirst, nicht klar voneinander abgrenzen, aber das macht nichts. Die Unterteilung hilft dir, indem sie dich an die typischen Probleme heranführt – ansonsten sieht man vielleicht den Wald vor lauter Bäumen nicht. Versuche also, pro Feld mindestens einen Punkt zu finden (gerne auch mehr), der dich beim Lernen demotiviert (–). Überlege dann, was du dagegen unternehmen, wie du deine Demotivation verringern könntest (+).

Wenn du schon Ideen hast, dann lege los, ansonsten kannst du dir hier noch ein paar Anregungen holen. Es sind größtenteils Ideen von Schülern, die einzeln oder in Gruppen mit diesem Schema gearbeitet haben.

Ein Beispiel zum Bereich »Körperlicher Zustand«: Raphael stellt fest, dass er nachmittags meistens sehr müde ist und deshalb mit dem Lernen zu Hause Schwierigkeiten hat. (–)

Was könnte er dagegen unternehmen? Ihm fallen folgende Lösungsmöglichkeiten ein: Er könnte

- Hausaufgaben/Lernen auf den Abend verschieben (+),
- die tägliche Dusche vom Morgen auf den frühen Nachmittag verschieben, weil er sich danach eigentlich immer ganz fit fühlt (+),
- vor den Hausaufgaben 20 Minuten dösen – mit Wecker, um nicht richtig einzuschlafen (+),
- regelmäßig 15 Minuten Sportübungen (Liegestütze usw.) vor dem Lernen machen, eventuell auch zwischendurch (+).

Ein Beispiel zum Bereich »Gedanken«: Marielle ertappt sich bei dem negativen Gedanken »Mathe ist blöd, das Zeug werde ich nach der Schule nie wieder gebrauchen«. Obwohl es angesichts ihrer schlechten Noten wichtig wäre, in dieses Fach mehr Zeit zu investieren, würgt dieser Gedanke jeden positiven Impuls ab (−).

Kann sie etwas gegen diesen Gedanken unternehmen? Ihr fallen folgende Möglichkeiten ein:

- sich informieren, ob und wie viel Mathe in den Fächern vorkommt, die sie vielleicht einmal studieren will (+),
- im Internet oder in einer Buchhandlung nach einem witzigen/interessanten Buch zum Thema Mathe stöbern – vielleicht bekommt sie ja dadurch einen neuen Zugang (+),
- den Gedanken »Wenn ich Mathe besser könnte, wäre es vielleicht gar nicht mehr so blöd« dagegenhalten (+).

Ein Beispiel zum Bereich »Gefühle«: Wenn Jakob über seinen Hausaufgaben sitzt oder lernen soll, fühlt er sich einfach nicht wohl. Er erklärt sich seine vielen Unterbrechungen und Ablenkungen damit, dass er diese braucht, um nicht »einzugehen« (−).

Was für Möglichkeiten hat er, seine Stimmung am Schreibtisch zu verbessern? Folgende Ideen trägt er zusammen: Er könnte

- für ein »cooleres« Erscheinungsbild seines Schreibtischs sorgen (+),

- sich fürs Lernen was Bequemes anziehen und ein leckeres Getränk an den Schreibtisch mitnehmen (+),
- sich mit kleinen Belohnungen für jede erledigte Hausaufgabe bei Laune halten (+).

Ein Beispiel zum Bereich »Äußere Umstände«: Johanna wird beim Lernen abwechselnd von ihrem kleinen Bruder und von ihrem Hund gestört, die zu ihr ins Zimmer kommen oder an ihrer Tür klopfen/scharren und sie dadurch ablenken. So muss sie sich immer wieder erneut dazu überwinden, ihre Arbeit fortzusetzen. Häufig führt es dazu, dass sie die restlichen Arbeiten unerledigt lässt (−).

Johanna überlegt sich, wie sie Störungen dieser Art vermeiden kann, um zu einem flüssigeren Arbeitsstil zu kommen. Sie könnte
- ihre Mutter darum bitten, sie während der Hausaufgabenzeit vor Hund und Bruder abzuschirmen (+),
- ihr Zimmer in der Zeit abschließen und sich mit Kopfhörer oder Ohrenstöpseln vor Geräuschen schützen (+).

Ich hoffe, anhand dieser Beispiele ist dir klar geworden, wie du mit diesem Vier-Felder-Schema deine eigene Motivation verbessern kannst. Noch ein Tipp zur praktischen Umsetzung: Unterteile ein DIN-A4-Blatt in die vier Felder und trage dort deine Sammlung von Minus- und Pluspunkten ein. Hänge dieses Blatt über deinem Schreibtisch auf. Es ist wichtig, dass es in den folgenden Wochen für dich sichtbar ist. Markiere nach und nach die Pluspunkte farbig, die du umsetzen konntest.

Kein Bock auf den Lehrer

Das Schreckgespenst meiner frühen Gymnasialzeit heißt »Herr Sägebrecht«. Fairerweise sollte ich erwähnen, dass der Mann – noch keine 18 Jahre alt! – in der Schlussphase des Zweiten Weltkriegs von den Nazis genötigt worden war, am Flakgeschütz feindliche Bomber vom Himmel zu holen. Das kann nicht ohne seelische Blessuren ausgegangen sein. 35 Jahre später war er mein erster Deutsch- und Englischlehrer am Gymnasium, und mit ihm kehrte die Angst in meinen bis dahin unbeschwerten Schulalltag ein. Er ließ für leistungsschwache Schüler, wie ich es in der fünften Klasse noch war, wenig Wertschätzung erkennen, war leicht reizbar und konnte bei eher harmlosen Anlässen emotional völlig entgleisen. Ich sehe ihn noch mit knallrotem Kopf am Ende einer Unterrichtsstunde einen Mitschüler anbrüllen. Der hatte nichts weiter getan, als wegen einer Meinungsverschiedenheit seinen Vater für die nächste Sprechstunde anzukündigen. »Willst du mir drohen, Bürschchen? Glaubst du, ich habe Angst vor deinem Vater? Los, wir gehen jetzt ins Direktorat …«, schrie der Lehrer und zog ihn am Ärmel aus dem Klassenzimmer.

Aus heutiger Sicht würde ich die Anfälle des Herrn Sägebrecht auf ein unbehandeltes posttraumatisches Belastungssyndrom zurückführen. Soweit ich mich erinnere, wurde er frühpensioniert. Doch was half das mir elfjährigem Angsthasen, der vor jeder Stunde bibbernd hoffte, dass der Krug der Erniedrigung an ihm vorübergehen möge. Beruhigt war ich immer dann, wenn Sägebrecht – wie so oft – einem Schüler sein Lehrwerk in die Hand drückte, damit dieser die Inhalte an die Tafel schrieb und wir sie in unser Heft übertragen konnten. Ja, Sie haben richtig gelesen: Weite Strecken des Unterrichts verbrachten wir damit, Lehrsätze abzuschreiben.

Ich krame diese Episode aus meinem Gedächtnis hervor, weil ich Ihnen verdeutlichen möchte, dass der Zusammenhang zwischen Lehrer und Schülermotivation ziemlich komplex ist. Wenn Sie mich nämlich fragen, wie es um meine Lernbereitschaft bei diesem unsympathischen und nicht gerade ambitionierten Lehrer bestellt war, muss ich zugeben: Gar nicht mal so schlecht! Ich würde es mit dem »Gruselfaktor« erklären, der mich aufmerksamer und leistungsbereiter sein ließ, als wenn da ein netter, harmloser Lehrer vor mir gestanden hätte.

Zurück zur Gegenwart: Aus mancher Plauderei mit meinen Schülern über ihre Erfahrungen mit einzelnen Fächern und Lehrern hat sich für mich ein Bild von Meistern und Dilettanten der Motivationskunst ergeben. Es gibt sie wohl an jeder Schule: Kollegen, denen es Jahr für Jahr und in fast jeder Klasse gelingt, ihre Schüler für sich und ihr Fach zu gewinnen. Nicht selten erklären diese, für ihren Lehrer oder ihre Lehrerin zu lernen. Demgegenüber, auch das gehört zur Realität des Gymnasiums, stehen einzelne Pädagogen, denen es so gar nicht liegt, Interesse und Lernbereitschaft zu wecken. Zumindest für Schüler, die sich aus eigener Kraft nur schwer motivieren können, sind solche Lehrkräfte wahres Gift. Was kann man da machen?

Zunächst einmal möchte ich behaupten, dass man sich bei den allermeisten Lehrkräften aussuchen kann, ob man ihren Unterricht lieben oder hassen, aufmerksam verfolgen oder boykottieren will. Für welche Option sich der einzelne Schüler entscheidet, verrät so einiges über ihn selbst. »Der hat so eine trockene, langweilige Art, da schalte ich automatisch ab«, findet Manuel, Riva dagegen kann sich gerade deswegen sehr gut konzentrieren. »Die hat echt Hammersprüche drauf, das ist mehr Entertainment als Unterricht«, schwärmt David, während Leo davon nur angewidert ist. »Der ist so streng, da herrscht Friedhofsruhe im Klassenzimmer«, empört sich die Mutter von Clara, während Clemens' Vater froh ist, dass die chaotischen Zustände vom letzten Jahr der Vergangenheit angehören.

Vor einiger Zeit beriet ich die Mutter einer Achtklässlerin mit Problemen in Mathematik. Die Mutter sah die starke Abneigung ihrer Tochter Aylin gegenüber dem Lehrer als wesentliche Ursache für den Leistungsabfall. Der Pädagoge würde durch sein betont raubeiniges Auftreten nicht nur sie, sondern sämtliche Mädchen der Klasse verschrecken. Was ich wiederum wusste und der Mutter mitteilte: Die bekannte und nicht ganz so ernst gemeinte Ruppigkeit des Kollegen war in anderen Klassen längst zum Kult erhoben worden, viele Schüler schworen auf seine ganz spezielle Art der Kommunikation und wollten von keinem anderen Lehrer unterrichtet werden. Ich denke, dass es für Mutter und Tochter hilfreich war, diese Fremdperspektive einzunehmen. Die Frage »Warum finden andere den gut?« kann konstruktive Gedanken anstoßen, während die pure Ablehnung nach dem Motto »Ist halt ein blöder Lehrer« nur Frust und Demotivation erzeugt.

Sicher kann und soll man sich nicht jeden ungeliebten Lehrer schönreden. Zum einen gibt es Verhaltensweisen, die man nicht akzeptieren muss, gegen die man vorgehen kann. Dazu mehr im Kapitel »Konflikte mit Lehrkräften«. Zum anderen ist von einem jungen Menschen nicht zu erwarten, dass er in so einem Fall aus eigenem Antrieb heraus andere Perspektiven einnimmt. Umso wichtiger sind die Eltern. Wie könnte die Mutter im vorgestellten Beispiel Aylin darin unterstützen? Vielleicht so:

Aylin: »Ich kann den Typ nicht ausstehen. Ich hasse Mathe.«

Mutter: »Das tut mir wirklich leid. Ich glaube auch, dass Herr Müller nicht gerade dein Traumlehrer ist. Wie war das letztes Jahr – da war Mathe doch ganz okay?«

Aylin: »Ist doch klar, Frau Schröder zieht das ganz anders auf, da kann Mathe sogar Spaß machen.«

Mutter: »Schade, dass ihr die nicht behalten konntet. Die war schon sehr sensibel und entgegenkommend. Gibt es denn beim Müller gar nichts, was dir taugt?«

Aylin: »Ich sag doch, der ist scheiße!«
Mutter: »Weißt du, was ich komisch finde: In anderen Klassen finden die Schüler den anscheinend richtig cool – hat mir der Vater von Lena erzählt.«
Tochter: »Mir doch egal, wir finden den scheiße.«
Mutter: »Da hat er wohl in eurer Klasse etwas falsch gemacht. Oder er passt einfach nicht zu euch?«

Egal, ob und wie das Gespräch weiter verläuft: Die Mutter hat durch die Sichtweise der anderen Schüler einen Perspektivenwechsel ins Spiel gebracht, der Aylin zu einer moderateren Einstellung verhelfen könnte. Es bieten sich ja tatsächlich mehrere Möglichkeiten an, mit der Art des Mathelehrers konstruktiver umzugehen, als sie einfach nur zu hassen. Aylin könnte darauf kommen, dass man Herrn Müllers Art umso besser erträgt, je mehr man diese als Schauspielerei betrachtet. Vielleicht erkennt sie aber auch, dass das Poltern ihres Lehrers nicht allein das Problem ist, sondern auch ihre Mimosenhaftigkeit.

Kann gut sein, dass Ihr Kind sich gegen solche Betrachtungen sträubt. Doch ist schon viel gewonnen, wenn Sie sie anstellen, denn oft wird die Abneigung des Schülers gegenüber der Lehrkraft durch die ablehnende Einstellung seiner Eltern verstärkt. Da ist es gut, zunächst einmal für sich selbst zu klären: Worin könnte der bislang unentdeckte Nutzen für mein Kind liegen? Vielleicht lernt es, nicht mehr so stark von der Person des Unterrichtenden abhängig zu sein und sich selbst besser motivieren zu können? Vielleicht wird es robuster im Umgang mit

Lehrern und lernt, sich auf deren Eigenheiten flexibel einzustellen? Vielleicht lässt sich den notorischen Abschweifungen des ungeliebten Lateinlehrers auch eine Qualität abgewinnen: Er mag nicht der beste »Pauker« sein, aber wer sich als Schüler auf seine geistigen Exkursionen einlässt, erfährt interessante Zusammenhänge und eine gute Allgemeinbildung.

Ein Gespräch mit dem Pädagogen ist dann sinnvoll, wenn zu erwarten ist, dass dieser etwas an seinem Stil verändern will und kann. Nehmen Sie es mir nicht übel, wenn ich Ihre Erwartungen an dieser Stelle dämpfe: Lehrer haben ihre Art zu unterrichten über Jahre hinweg entwickelt und lassen über Veränderungen nur ungern mit sich verhandeln – und das nicht unbedingt aus Bequemlichkeit oder Wurstigkeit. Bedenken Sie, dass die Interessen von Schülern und deren Eltern selbst in ein- und derselben Klasse alles andere als homogen sind. Ich persönlich habe es schon erlebt, dass Eltern in meine Sprechstunde kamen und sich ein schnelleres Unterrichtstempo für ihr Kind gewünscht haben – einen Tag zuvor hatten mich noch zwei andere Kinder in der Klasse darum gebeten, nicht so durch den Lehrplan zu hetzen. Wenn ich das Feedback auf meine Erklärvideos bei YouTube analysiere, stelle ich Ähnliches fest: Zu meiner Freude werden die Videos vom überwiegenden Teil der Zuschauer »gelikt« – ab und zu erhalte ich aber auch negative Rückmeldung von Nutzern, denen meine Erklärweise zu ausführlich, zu grob, zu langweilig, zu eingebildet … ist.

Abgesehen davon: Manches würde man als Lehrer selbst gern ändern, schafft es aber nicht, weil die Klasse nicht mitzieht oder weil man an seine persönlichen Grenzen kommt. Beispiel »Disziplin im Unterricht«: Wenn Lehrer sich gegen Schüler nicht durchsetzen können, die am laufenden Band den Unterricht stören, wirkt das auf viele Mitschüler sehr demotivierend. Ob man der Störungen allerdings Herr wird, hängt nicht nur von der eigenen Führungsstärke, sondern auch von der Klassendynamik ab.

Schwierig wird es dann, wenn der Lehrkraft grundlegende Kompetenzen fehlen, sodass der Großteil der Klasse darunter leidet: Wenn sie sich von Schülern auf dem Kopf herumtanzen lässt, nicht erklären kann, mit dem Stoff nie durchkommt usw. Viele Eltern, die den Druck der freien Wirtschaft gewohnt sind, fragen sich zu Recht, wo da die Qualitätssicherung bleibt. Leider kann ich darauf keine befriedigende Antwort geben. Wer verbeamtet ist, erhält von seinem Schulleiter zwar regelmäßig Beurteilungen seiner Arbeit und kann in der Hierarchie nur dann aufsteigen, wenn die Prädikate gut genug sind. Das bringt allerdings die Abgehängten keinen Schritt weiter, weil niemand wirklich dahinter her ist, dass sie an ihren Defiziten arbeiten. Warum auch? Am Ende muss der Schulleiter einen genormten Gesamtschnitt abliefern – und der haut nur hin, wenn es gute und schlechte Lehrer gibt.

Ganz gut stehen die Chancen auf Veränderung des Unterrichts, wenn Sie im Gespräch mit dem Lehrer solche Unterrichtssituationen positiv hervorheben, die bei Ihrem

Sprössling gut ankamen: »Das LDL-Projekt (Lernen durch Lehren) fand Marina übrigens super. Hat ihr total Spaß gemacht, mit Katharina eine Unterrichtsstunde selbst vorzubereiten und durchzuführen. Wir fänden es toll, wenn Sie das Projekt im zweiten Halbjahr fortsetzen könnten.«

Eltern und Motivation

Wenn Eltern über die hohe oder niedrige Lernmotivation ihres Kindes nachdenken, kommen ihnen in der Regel zuerst Fächer (»Mathe mochte sie noch nie, Sport ist dagegen ihr Fach«), Lehrer (»Frau XYZ schafft es, die Kinder zu begeistern«) oder das Schulsystem an sich (»zu starr, wenig kreativ, konformistisch …«) in den Sinn. Unterschätzt wird der eigene Einfluss auf die Motivation.

Ein typisches Beispiel:

Versetzen wir uns in Johannes hinein, dem allein schon der Gedanke an Hausaufgaben größte Unlustgefühle bereitet. Was er bräuchte, wäre ein Ansporn, vielleicht ein positiver Gedanke, eine Ermutigung. Stattdessen herrscht sein Vater ihn an, weil er immer noch nicht an seinem Schreibtisch sitzt. Die Standpauke mag – im besten Fall – zu der erwünschten Handlung führen. Nun sitzt Johannes zwar vor seinen Heften, aber die vorausgegangene Auseinandersetzung mit seinem Vater trägt vermutlich nicht dazu bei, dass er sich konzentriert mit der Aufgabe befasst. Im Gegenteil – zur Unlust ist jetzt noch Ärger hinzugekommen. Er wird die Aufgabe, wenn überhaupt, gerade so gut hinter sich bringen, dass ihm ein weiterer »Anschiss« erspart bleibt.

Nicht nur einzelne Reaktionen können demotivieren, sondern auch grundsätzliche Haltungen. Oft wundern sich Eltern, dass ihr Kind sich an ihnen, ihrem Ehrgeiz und offensichtlichen Erfolg kein Beispiel nimmt. Müsste das eigene Vorbild nicht ein Ansporn sein? Wie kann es sein, dass das Kind so gar nichts aus seinem Potenzial macht? Vermutlich hat aber genau diese Anspruchshaltung im Laufe der Jahre den Selbstwert der Tochter oder des Sohnes ziemlich schrumpfen lassen. Zu spüren, dass man so, wie man ist, nicht genügt, kann eine bittere und demotivierende Erfahrung sein. Die Punkband »Die Ärzte« bringt das in dem Stück »Junge« ziemlich gut zum Ausdruck – hören Sie ruhig mal rein (z. B. auf YouTube)! In Einzelfällen mag die Kritik helfen, sich weiterzuentwickeln, viel hilfreicher ist es jedoch, wenn Eltern den Fokus auf die Stärken des Kindes richten.

Welche Stärken entdecken Sie bei Ihrem Kind? Zugegeben, als ich vor zwei Jahren vom Lehrer meines Sohnes in der ersten Klasse danach gefragt wurde, musste ich erst einmal lange überlegen. Offenbar hatte ich mir dazu bislang kaum Gedanken gemacht. Wie geht es Ihnen bei dieser Frage?

Falls Ihnen erst einmal nur Allgemeinplätze einfallen (ist freundlich, gut erzogen …), könnte es daran liegen, dass Sie vieles, was Ihrem Kind gelingt, für selbstverständlich erachten. Geht es z. B. gern in die Schule? Falls ja, könnte das mit einer oder mehreren der folgenden Stärken zusammenhängen:

- sich gut in eine Gemeinschaft integrieren und stabile Freundschaften aufbauen zu können,
- Interesse an den Inhalten des Unterrichts zu entwickeln,
- Frustrationstoleranz gegenüber negativen Erfahrungen (schlechte Noten usw.) zu haben,
- Anpassungsfähigkeit: still sitzen, Regeln befolgen.

Ich empfehle Ihnen, sich regelmäßig (vielleicht sogar mit dem Erziehungspartner) über diese und andere Stärken Ihres Kindes Gedanken zu machen. Und wenn der Moment passt, dann teilen Sie ihm das bitte mit – auch wenn es nichtig erscheint:

»Ich finde es übrigens echt toll, dass du morgens so gut aus dem Bett kommst und fast immer pünktlich das Haus verlässt. Das kann auch ganz anders laufen, wie ich von anderen Eltern weiß. Da kannst du stolz drauf sein.«

Wenn Sie sich zurückerinnern an Ihre Schulzeit: Welche Lehrer oder Lehrerinnen haben Sie weitergebracht? Solche, die stets betonten, was Sie alles nicht können, wo Sie besser werden müssen? Oder solche, die Ihnen das Gefühl vermittelten, etwas zu taugen? Die Antwort wird Ihnen nicht schwerfallen – vorausgesetzt, Sie hatten Pädagogen, von denen Sie sich angenommen fühlten. Ein Kollege von mir beherrscht diese Art der Motivation auf höchstem Niveau. Seinen Schülern stets offen, interessiert, aufbauend und väterlich zugewandt, sorgt er für Spaß im Unterricht und gute Leistungen. Während viele Pädagogen von sich behaupten würden, nicht gemocht, sondern respektiert werden zu wollen, setzt er voll auf »Mögen« – und unterlässt alles, was die gegenseitige Sympathie gefährden könnte. Natürlich läuft auch bei ihm nicht alles rund, auch er trifft hin und wieder auf bockige Schüler. Es käme ihm aber nie in den Sinn, diese von oben herab zu maßregeln – erst recht nicht vor der Klasse. Sein Weg der Konfliktlösung ist das persönliche Gespräch auf Augenhöhe. Eine Kollegin verpasste ihm mal den Spitznamen »Staubsaugerverkäufer«. Ich unterstelle ihr dabei eine gewisse Böswilligkeit, die auch mit Neid zu tun haben könnte. Allerdings: Bezogen auf die Kunst, die Gunst des Kunden (= Schüler) zu erringen und ihn damit zum Kauf der Ware (= Lernen) zu bringen, trifft ihre Bezeichnung voll ins Schwarze.

Viele Eltern mit dem Drang zum Maßregeln könnten sich von diesem begnadeten Pädagogen etwas abschauen. Umgekehrt darf sich niemand wundern, wenn Kinder und Jugendliche durch die fortgesetzte Nörgelei zu Hause vollends die Lust auf Schule verlieren.

Nun kommt es natürlich vor, dass man angesichts der Faulheit und der schlechten Noten gar nicht anders kann, als sich aufzuregen und Kritik zu üben. Das ist auch okay, solange es nicht zum Dauerzustand wird. Bei schulischen Krisen geraten die Stärken des Kindes aber leider oft gänzlich aus dem Blickfeld. Das Kapitel »In schwierigen Situationen richtig unterstützen« gibt weitere Hilfestellung.

Besser werden im Problemfach (besonders Mathematik)

Um Missverständnissen vorzubeugen: Ich halte Mathematik nicht für das problematischste Fach. Dass ich es in diesem Kapitel besonders hervorhebe, hat einen einfachen Grund: Ich unterrichte eben Mathe und nicht etwa Latein, Französisch oder Chemie. Doch auch wenn die Probleme bei Ihrem Kind in einem anderen Fach liegen sollten, lässt sich der Großteil der Anregungen in diesem Kapitel auf jedes andere Problemfach übertragen.

Immer wieder treffe ich auf Schüler, denen es trotz großer Anstrengungen in Mathematik nicht gelingt, sich merklich zu verbessern. Ihre Leistungen sind oft mangelhaft, manchmal auch ungenügend. Sie passen im Unterricht auf, erledigen zuverlässig ihre Hausaufgaben und bereiten sich gewissenhaft auf jede Prüfung vor – und trotzdem geht sie meistens daneben. Falls diese Beschreibung zu Ihrem Sohn oder Ihrer Tochter passt, möchte ich mich nun direkt an ihn oder sie wenden.

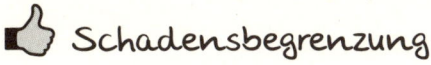 # Schadensbegrenzung

Menschen haben unterschiedliche Begabungen. Wir alle kennen Tätigkeiten, die uns leichtfallen, und andere, die uns stets Mühe bereiten. Kevin tut sich in Mathe ziemlich leicht, kann sich aber Vokabeln nur schwer merken. Lisa ist weder in Mathe noch in den Sprachen besonders gut, dafür aber ein künstlerisches Genie. Warum ist das so? Möglicherweise hängt Kevins Können in Mathe mit einer angeborenen Begabung zusammen, d. h., er tut sich von Haus aus leicht, logische und abstrakte Sachverhalte zu verstehen. Vielleicht liegt es auch daran, dass er sich für diese Materie begeistern kann. Vermutlich ist beides der Fall. Umgekehrt könnten seine Schwierigkeiten mit den Vokabeln daher rühren, dass er einfach kein Talent für Sprachen hat oder sie langweilig findet. Dazu kommen vermutlich noch Übungsdefizite.

Leider neigen wir dazu, uns zu sehr mit unseren Schwächen zu befassen, weshalb Kevin sich selbst als »Vokabeldepp« bezeichnet und Lisa der Meinung ist, eigentlich zu blöd fürs Gymnasium zu sein. Das Schöne am Erwachsensein ist, dass man ganz gut weiß, wo die eigenen Stärken und Schwächen liegen, und man sich deshalb einen Beruf sucht, der zu den Stärken passt. Kevin wird vielleicht später Ingenieur und benötigt Fremdsprachen höchstens dann noch, wenn er im Urlaub ist oder einen englischen Fachartikel liest. Möglicherweise aber zieht es ihn beruflich ins Ausland, und er lernt plötzlich mit einer nie da gewesenen Begeisterung die dortige Sprache.

Was ich damit sagen will: Falls Mathe für dich ein Buch mit sieben Siegeln ist, dann nimm es hin, ohne an dir zu zweifeln. Vielleicht kommt der große Durchbruch noch irgendwann, möglicherweise aber auch nicht. In diesem Fall kannst du dich damit trösten, dass du (da bin ich mir sicher) über viele Stärken verfügst und deshalb über deine Schwäche in Mathematik getrost hinwegsehen kannst. Das soll kein Aufruf dazu sein, die Hände in den Schoß zu legen und dich in Mathe nicht länger zu bemühen – im Gegenteil! Ich möchte nur verhindern, dass zu der Schwäche in Mathematik auch noch Verzweiflung hinzukommt. Um es mal ganz krass zu sagen: Selbst wenn du von der Note 5 niemals wegkommen solltest, kannst du trotzdem das Abitur schaffen – ausreichend gute Noten in den anderen Fächern vorausgesetzt.

Vielleicht wird jetzt deutlich, warum die Überschrift »Schadensbegrenzung« heißt: Zu dem Schaden »schlecht in Mathematik« sollen nicht noch unnötige Ängste, Selbstzweifel, Selbstaufgabe oder Verwünschungen gegen das Fach hinzukommen. Am besten wäre eine innere Haltung, wie sie in den folgenden Sätzen zum Ausdruck kommt:

Ich kann damit leben, dass andere sich mit Mathematik viel leichter tun als ich und – obwohl sie schlechter aufpassen und weniger lernen – bessere Noten schreiben. Ich habe meine Stärken in anderen Bereichen und kann mir die Schwäche in Mathe verzeihen. Trotzdem

werde ich in Mathe nicht aufgeben. Wenn meine Mathe-
note sich nur um eine halbe Stufe verbessert (z. B. +5
statt 5−), ist das für mich schon ein Erfolg.

Was mich betrifft, so bin ich zwar ganz okay in Mathe, dafür in handwerklichen Dingen nicht besonders geschickt. Leider ist das eine lästige Schwäche für jemanden, der ein Haus besitzt, in dem immer wieder Reparaturen anfallen. Inzwischen aber habe ich zum Glück gelernt, mich über die Unlust hinwegzusetzen, die mich überkommt, sobald ich die Bohrmaschine aus dem Keller hole. Ich kann einfache Installations- und Ausbesserungsarbeiten vornehmen und danach auch mit meinem Werk zufrieden sein. Ich darf mich bloß nicht mit meinem Bruder vergleichen, der seine Schränke selbst baut, oder mit meinem Schwager, der in den Ferien sein Haus selbstständig in großem Stil renoviert hat.

Schattenseite der Nachhilfe

Oft klagen Schüler nach einer vergeigten Mathe-Prüfung: »Und in der Nachhilfe habe ich noch alles gekonnt, der Nachhilfelehrer meinte, ich müsste eigentlich eine Zwei schaffen!« Ich halte unter bestimmten Voraussetzungen sehr viel von Nachhilfeunterricht – gerade wenn man eine Schwäche in einem bestimmten Fach hat. Allerdings müssen Schüler, die vor Prüfungen intensiv Nachhilfe in Anspruch nehmen, sich vor der berüchtigten »Teddybär-Falle« in Acht nehmen. Stell dir ein kleines Kind vor, das jeden Abend mit seinem Teddy im Arm einschläft. Eines Abends ist der Bär nicht auffindbar, und das Kind muss ohne ihn einschlafen. Was passiert? Klar, das Kind durchlebt in dieser Nacht tausend Ängste, weil ihm das beruhigende Kuscheltier abgeht. Wenn du mit deinem Nachhilfelehrer viele gemeinsame Stunden verbracht hast, kann etwas Ähnliches passieren: Du gewöhnst dich an das wohlige Gefühl, dass da jemand an deiner Seite ist, der dir über die Klippen des gefürchteten Fachs hinweghilft. Der dir das Gefühl von Sicherheit gibt, dir durch ein Lob oder auch nur sein Schweigen signalisiert, dass du auf dem richtigen Lösungsweg bist. In der Prüfung sitzt du dann plötzlich ohne »Teddy« da und fühlst dich schon von der ersten Minute an unsicher: »Stimmt das, was ich da rechne, überhaupt?« Oder: »Wenn ich nur wüsste, was ich bei dieser Aufgabe machen soll – ein kleiner Hinweis würde mir schon reichen!«

Ich möchte damit nicht sagen, dass du vor Prüfungen keine Nachhilfe mehr nehmen sollst, aber auf jeden Fall ist es wichtig, dass du auch *unabhängig* von deinem Nachhilfelehrer allein am Schreibtisch Aufgaben rechnest, ohne dass jemand in der Nähe ist, der dir helfen könnte. Nur so trainierst du alle Kompetenzen (Fähigkeiten), die zum Lösen einer Aufgabe wichtig sind:

1. den Aufgabentext verstehen, also wissen, was bei der Aufgabe überhaupt gemacht werden soll (Instruktionsverständnis),

2. die passende Lösungstechnik sicher anwenden,
3. deine Gefühle dabei positiv steuern, d. h. mit Zuversicht statt mit Angst und Selbstzweifel an die Aufgaben herangehen.

Meistens wird in der Nachhilfe nur der zweite Punkt trainiert, die anderen beiden Kompetenzen bleiben völlig unbeachtet. Das wäre ungefähr so, als würde ein Fußballtrainer mit seiner Mannschaft nur einzelne Spielzüge trainieren, aber weder an der Kondition noch an der Taktik arbeiten.

Punkt 1 kann auch im Rahmen der Nachhilfe geübt werden – wichtig ist nur, dass man ihn nicht unter den Tisch fallen lässt. Punkt 3 dagegen kannst du nur allein lernen – indem du es aushältst, bei Problemen erst einmal ohne jede Unterstützung von Nachhilfelehrer oder Eltern auf Lösungssuche zu gehen. Plane also ab jetzt vor jeder Prüfung ein paar Nachmittagsstunden verteilt über eine Woche ein, in denen du die Prüfungssituation vollständig simulierst und ganz allein ein Aufgabenblatt durchrechnest, am besten auch unter Zeitdruck. Je ähnlicher die Situation, in der du übst, der Prüfungssituation ist, desto cooler bleibst du während der Prüfung selbst.

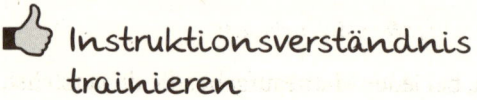 ## Instruktionsverständnis trainieren

Bei Mathe geht es also vor allem um die Fähigkeit, eine Aufgabenstellung richtig zu verstehen. Oft hört man Schüler nach der Prüfung klagen: »Mensch, das hätte ich doch locker gekonnt!« Wissenschaftlich ausgedrückt heißt das: Die Lösungstechnik ist vorhanden, aber die Fähigkeit, den richtigen Kontext herzustellen, leider (noch) nicht. Wie kannst du lernen, Aufgaben besser zu verstehen?

Indem du es wieder und wieder versuchst!

Hört sich banal an, aber in Mathe machen das gerade die leistungsschwachen Schüler oft nicht. Viele haben sich angewöhnt, sofort aufzugeben, wenn sie die Aufgabe nicht auf Anhieb verstehen oder die Lösung nicht sofort klappt. Dabei ist es wie beim Erlernen des Fahrradfahrens: Man probiert es einmal, kommt ins Schwanken, probiert es wieder, schwankt wieder, probiert es noch mal … und irgendwann fährt man plötzlich gerade und ohne abzusetzen. Stützräder und Eltern können einem dabei helfen, aber ohne Schwanken wird es nicht gehen. Der Misserfolg gehört, auch in Mathe, zum späteren Erfolg. Zu einer Lösung kommt man oft nur durch Versuch und Irrtum.

Formuliere die Aufgabenstellung um

Gewöhne dir an, bei jeder Matheaufgabe, die du verstehst, nach anderen Formulierungen zu suchen. Wie könnte man die Aufgabe noch stellen? Hier ein Beispiel:

Gegeben ist der Term $2 + (-13) \times 11 - 117$. Gliedere ihn und bestimme seinen Wert.

Bevor du weiterliest, versuche dich an einer eigenen Formulierung! Die muss gar nicht zu 100 Prozent exakt sein, wichtiger ist, dass du deine eigenen Worte gebrauchst. Hier ein paar Vorschläge von mir:

Wandle den Rechenausdruck $2 + (-13) \times 11 - 117$ in einen Baum aus Summe, Differenz, Produkt und Quotient um und rechne ihn dann aus.

Oder: Um was für einen Term handelt es sich insgesamt? Untergliedere auch alle Teilterme, so weit es geht. Rechne am Ende das Ergebnis aus.

Oder: Stelle die Struktur des Terms übersichtlich in einem Diagramm dar und berechne seinen Wert.

Wenn du das im Alltag, also auch im Unterricht und bei Hausaufgaben regelmäßig trainierst, schlägst du zwei Fliegen mit einer Klappe:

- Dein mathematischer Wortschatz vergrößert sich und damit auch dein Verständnis dieser »Sprache«.
- Ganz nebenbei wirst du mehr Zusammenhänge als sonst herstellen, wodurch das Verständnis nicht nur oberflächlich bleibt, sondern sich auch vertieft.

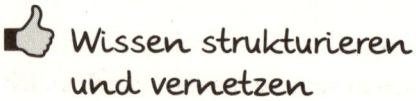

Wissen strukturieren und vernetzen

Neulich teilte mir ein Schüler, der gerade sein Abitur geschrieben hatte, freudestrahlend mit: »Ich habe zwar keine Ahnung, was ich da warum und wozu gerechnet habe, aber es müsste stimmen.« Schön für ihn, nur hätte es unter diesen Umständen auch ziemlich böse für ihn ausgehen können. Und meistens geht die Prüfung auch in die Hose, wenn man »eigentlich keine Ahnung« hat. Umso schlimmer, dass der erwähnte Abiturient kein Einzelfall ist. Ich stelle im Unterricht immer wieder fest, dass viele Schüler zwar brav die besprochenen Formeln und Lösungstechniken lernen, ihnen aber jedes Verständnis dafür abgeht, was diese Formeln und Techniken (in der Mathematik) bringen und wozu man sie einsetzt. Es ist ungefähr so, als besäßen sie einen Werkzeugkasten mit Hammer, Säge und Zange. Aber wenn im Haus Reparaturen anfallen, haben sie keinen blassen Schimmer, welches Werkzeug da jetzt wie einzusetzen ist. (Ich will gar nicht abstreiten, dass dieses Problem auch etwas mit dem Unterricht zu tun hat – wir Lehrer müssten dieses zusammenhängende Verständnis noch viel mehr fördern als bisher üblich.)

Was ich dir daher empfehle: Suche immer auch selbst nach Zusammenhängen zwischen dem, was in Mathe gerade durchgenommen wird, und dem, was zuletzt besprochen wurde oder was du von früher kennst. Oft kann man den Stoff, der in einer Prüfung abgefragt wird, ganz gut

nach »Problem« und dazu passenden »Lösungstechniken«
einteilen und dabei auch Zusammenhänge herstellen. Ich
will das mal am Beispiel der quadratischen Gleichungen
(9. Klasse) illustrieren.

	Problem/Frage	Lösungstechnik(en)
1	Eine Gleichung der Form $ax^2 + bx + c = 0$ (quadratische Gleichung) lösen. Wichtig: x^2 muss vorkommen.	• Mitternachtsformel/pq-Formel (klappt immer) • oder x ausklammern (wenn $c = 0$) • oder nach x^2 auflösen und zum Schluss $+/-$Wurzel (wenn $b = 0$) Es können sich zwei, eine oder gar keine Lösungen ergeben. Das hängt im Fall der Formel vom Term unter der Wurzel (Diskriminante) ab.
2	Kleine Abwandlung zu oben: z. B. $-2x + 7 + x^2 = 5x + 3$	Erst mal zusammenfassen und so umformen, dass rechts nur noch null steht. Dann wie (1).
3	Schnittpunkte zwischen Parabel und x-Achse bestimmen.	Funktionsterm der Parabel gleich null setzen, dann wie (1). Zum Verständnis: null setzen, weil die x-Achse die Gleichung $y = 0$ hat (alle Punkte mit y-Koordinate 0).
4	Schnittpunkte zwischen Parabel und Gerade/zwischen zwei Parabeln bestimmen.	Funktionsterme gleichsetzen, dann wie (2).

Problem/Frage	Lösungstechnik(en)
5 Schnell herausfinden, ob Parabel und x-Achse/Gerade/ andere Parabel überhaupt Schnitt- punkte haben.	Wie (3) bzw. (4), dann nur noch den Term unter der Wurzel (Diskriminante D) betrachten: $D > 0 \Rightarrow$ zwei Schnittpunkte $D = 0 \Rightarrow$ ein Berührpunkt $D < 0 \Rightarrow$ keine gemeinsamen Punkte
6 Eine Parabel mit Parameter, z. B. $y = x^2 - 3kx + 5$ (Parameter k) so festlegen, dass sie mit der x-Achse genau einen Berührpunkt hat. Anders ausgedrückt: aus der unendlichen Schar von Parabeln genau diejenige finden (also den passenden k-Wert), die die obere Eigenschaft hat.	Wie (5), nur dass jetzt D keine Zahl mehr ist, sondern ein Term mit k. Wegen »berühren« muss $D = 0$ gelten. Diese Gleichung nach k auflösen.
usw.	

Wenn du vor einer Prüfung eine solche Übersicht für dich erstellst, wirst du allein schon dabei viele neue Entdeckungen machen. Dein Wissen vernetzt sich, und du wirst auch mit Transferaufgaben viel besser zurechtkommen.

👍 Grundwissen trainieren/ Sonstiges

Nachdem diesem Punkt schon ein ganzes Hauptkapitel gewidmet worden ist, möchte ich es dir noch einmal ans Herz legen. Wichtig wäre, dass du eine für dich passende Form der regelmäßigen Wiederholung in deinem Problemfach betreibst. Hilfreich wären auch eine gute Vorbereitungsstrategie für die nächste Schulaufgabe (Kapitel »Prüfungen vorbereiten«) sowie eine Strategie für den Umgang mit Problemen während der Schulaufgabe. Dazu findest du einige Anregungen im Kapitel »Prüfungsangst überwinden«. Speziell für die Mathematik hier noch eine Ergänzung:

Zumindest an bayerischen Gymnasien (wo ich arbeite) reichen meist mehr als 40 Prozent der Punkte, um eine Vier zu schaffen. Bei mehr als 20 Prozent gibt es immerhin noch die Fünf. Je nachdem, welches realistische Ziel du verfolgst, solltest du dich also von vornherein nicht unter Druck setzen, alle Aufgaben lösen zu müssen. Wenn du dir nur die Hälfte aller Aufgaben vornimmst, die aber dann gründlich bearbeitest, hast du eine gute Chance, auf die Vier zu kommen. Und um eine Sechs zu vermeiden, kann es schon genügen, eine von fünf Aufgaben vollständig zu lösen und bei einer anderen zumindest einen sinnvollen Ansatz hinzuschreiben.

Manchmal machen sich Schüler, die schon über eine Vier oder Fünf froh wären, viel zu viele Gedanken um schwierige Aufgaben, die eventuell drankommen könnten. Sie sollten eher auf die Standardaufgaben bauen, also die typischen, im Unterricht viel gerechneten Aufgaben, die den Schwerpunkt der Schulaufgabe bilden. Verliere deine Zeit nicht mit übertriebenen Detailfragen, sondern sorge dafür, dass du auf die Standardaufgaben top vorbereitet bist. Dazu gehören dann auch Übungen wie die oben beschriebenen (Instruktionsverständnis, Vernetzung).

In schwierigen Situationen richtig unterstützen

Hintergrund dieses Ratgebers sind unzählige Beratungsgespräche, die ich als Schulpsychologe mit Eltern und Schülern geführt habe. Eltern, die meine Sprechstunde aufsuchen, erhoffen sich Rat darin, wie sie ihr Kind in schulischen Angelegenheiten bestmöglich unterstützen können. Ich kann mich an kein Gespräch erinnern, in dem diese Absicht nicht klar erkennbar war. Es hapert nicht daran, dass Eltern nicht helfen wollen, sondern eher daran, wie geholfen wird.

Natürlich wünscht man sich als Vater und Mutter Glück und Zufriedenheit für das eigene Kind. Treten schulische Schwierigkeiten auf, sieht man dieses Glück gefährdet. Was, wenn es so weitergeht oder noch schlechter wird? Wenn mein Sohn sitzen bleibt, das Gymnasium verlassen muss, seinen Abschluss nicht schafft, später keinen guten Job bekommt? Es müssen gar nicht mal die großen Katastrophen sein: Schon der fehlende Anspruch des Sohnes oder der Tochter, seine oder ihre Zufriedenheit mit durchschnittlichen Leistungen, wo doch so viel mehr Potenzial vorhanden wäre – all das lässt Eltern unruhig werden und schwarzsehen, was die Zukunft ihres Nachwuchses angeht. Wie soll denn das Kind später einmal seiner Berufung nachgehen, wenn es sich jetzt nicht anstrengt oder sich gar sämtliche Wege verbaut?

Treten Probleme in der Schule auf, verengt sich die Wahrnehmung aller Beteiligten, je länger diese Probleme anhalten. Die schulischen Schwierigkeiten bestimmen die Gespräche zwischen den Eltern und die am Esstisch und steuern das Handeln der Eltern gegenüber dem Kind. In der guten Absicht, ihm den richtigen Weg vorzugeben oder es dorthin zurückzuführen, kann es im Eifer des Gefechts leicht passieren, dass man die negative Entwicklung verstärkt oder eine positive verhindert. Man möchte den Sohn mit Nachdruck dazu bringen, seine schulischen Pflichten ernsthafter zu erledigen – und verhindert durch den hohen Grad an Kontrolle genau diese Entwicklung. Man sieht das Selbstbewusstsein der Tochter gefährdet, weil sie durchfallen könnte – und trägt durch die täglichen Vorhaltungen doch viel stärker dazu bei, dass sie sich wertlos fühlt.

Zoff mit den Eltern und schlechte Noten – ein Fallbeispiel

Es gibt typische Fallen, in die Eltern tappen, wenn der Fokus zu stark auf das Problem gerichtet ist. Ein Beispiel aus der Praxis:

Frau Asam beobachtet seit einigen Monaten beunruhigt, dass ihre 12-jährige Tochter Charlotte sich sehr stark verändert hat. Sie geht deutlich auf Distanz zu ihren Eltern, lässt sich nichts mehr sagen, reagiert aggressiv auf alle Ermahnungen und Einschränkungen (mehr lernen, Smartphone/Computer nur zu bestimmten Zeiten usw.). Letztes Schuljahr war Frau Asam noch stark in die Hausaufgaben mit einbezogen, jetzt lehnt Charlotte jede Hilfe ihrer Mutter ab. Einerseits möchte Charlotte allein für die Erledigung der Hausaufgaben verantwortlich sein, andererseits geht sie aus Sicht ihrer Mutter dieser Aufgabe so gut wie überhaupt nicht nach, was sich auch in den deutlich nachlassenden Schulleistungen widerspiegelt. Stattdessen verbringt sie viel Zeit am Computer, pflegt online neuerdings auch intensiven Kontakt zu einem Jungen ihres Alters. An ihrem Leben möchte sie die Mutter kaum mehr teilhaben lassen, reagiert auf deren Fragen zur Person des Freundes genervt und abweisend. Wenn Frau Asam das Zimmer ihrer Tochter betritt, um z. B. nachzusehen, ob sie ihre Hausaufgaben erledigt oder was sie am Computer treibt, wird sie von Charlotte angeschrien: »Lass mich doch endlich in Ruhe, ich kann dich nicht mehr sehen.« Soweit die Perspektive von Frau Asam, der es so vorkommt, als sei das »nicht mehr ihre Tochter«.

Wahr ist wohl, dass Charlotte sich altersbedingt verändert und ein an sich gesunder Ablösungsprozess begonnen hat. Selbstverständlich weiß Frau Asam, dass Kinder in die Pubertät kommen, trotzdem vermutet sie hinter der Veränderung ihrer Tochter etwas Schlimmes. Schließlich kenne sie keinen Fall im Freundeskreis, wo Kinder so urplötzlich ein ganz anderes Gesicht zeigen.

Typisch an dieser Eltern-Perspektive ist, dass man die eigene Rolle, den eigenen Beitrag zu dieser Entwicklung kaum wahrnimmt. Man sieht nur das Kind und seine Veränderung, aber nicht die eigene Reaktion darauf. Dabei tragen viele Verhaltensweisen von Frau Asam dazu bei, dass Charlotte erst recht zu ihr auf Abstand geht und nicht gut auf sie zu sprechen ist.

In ihrer Angst vor dem möglichen Verlust der Tochter und vor deren schulischem »Absturz« erhöht Frau Asam die Kontrolle. Aus Charlottes Sicht ist dies ein Versuch der Mutter, die Zeit zurückzudrehen und sie wieder verstärkt unter ihre Fittiche zu nehmen. Wie würden Sie reagieren, wenn Sie sich gerade mühevoll von jemandem freistrampeln und das Gefühl hätten, der andere lasse Sie nicht los?

Schlimm genug, dass Eltern bei derartigen Problemen zu starken Übertreibungen neigen und oft ein Zerrbild von ihrem Kind entwerfen. Kaum erträglich aber ist es für einen angehenden Jugendlichen, wenn ihm dieses Zerrbild ständig vorgehalten wird. Frau Asam betont, es sei doch sehr beunruhigend, dass derartige Verschlechterungen gleichzeitig zu Hause *und* bei den schulischen Leistungen auftreten. Allerdings leitet sich hier doch das eine ganz logisch aus dem anderen ab: Wenn die Mutter letztes Jahr beim Lernen so eine große Rolle gespielt hat, liegt es auf der Hand, dass die im selbstständigen Arbeiten ungeübte Charlotte jetzt erst einmal Zeit benötigt, um Lernmotivation und geeignete Lernstrategien aufzubauen. Da können die Noten schon einmal in den Keller gehen. Doch in ihrer Sorge wittert die Mutter Gefahr von allen Seiten. So wird eine logische Folge als Beleg dafür gewertet, dass doch mit dem Kind irgendetwas nicht stimmen könne. Dem eigenen Kind diese »Versager«-Perspektive aufzwängen zu wollen gibt der Beziehung zwischen Mutter und Tochter aber den Rest.

Verstehen Sie mich nicht falsch: Natürlich trägt die Mutter einer Zwölfjährigen auch Verantwortung für deren schulische Entwicklung. Die schlechten Noten können Frau Asam nicht gefallen, und sie fühlt sich zu Recht in die Pflicht genommen, ihrer Tochter zu helfen. Dummerweise mag diese – bedingt durch ihre Persönlichkeitsentwicklung, verstärkt noch durch die Schwierigkeiten ihrer Mutter damit – den mütterlichen Rat nicht annehmen.

Selbstverständlich kann es Frau Asam auch nicht gleichgültig sein, mit wem ihre Tochter online verkehrt. Doch je mehr sie darüber wissen will, desto weniger gibt Charlotte preis. Erhöhte Kontrollen führen vermutlich auf Charlottes Seite nur zu immer raffinierteren Geheimhaltungsstrategien.

Was wäre eine hilfreiche Unterstützung?

Die Sorgen der Eltern mögen gar nicht so unrealistisch sein. Durchaus möglich, dass die Noten so schnell nicht besser werden und vielleicht sogar das Klassenziel nicht erreicht wird. Und es ist auch nicht ausgeschlossen, dass hinter dem vermeintlich gleichaltrigen Onlinefreund ein pädophiler Fünfzigjähriger steckt.

Aber noch viel schlimmer wäre es doch, wenn diese oder ähnliche Befürchtungen sich bewahrheiten würden – und Charlotte niemanden mehr hätte, dem sie sich anvertrauen möchte. Sie merken, worauf ich hinauswill: Bei allen möglichen Maßnahmen ist zu bedenken, wie diese sich auf die Beziehung, auf das gegenseitige Vertrauen auswirken.

Wie könnte man Charlotte in dieser schwierigen Phase also besser unterstützen? Einer weiteren Verschlechterung der Noten entgegenwirken, ohne die Beziehung zu ihr noch mehr zu strapazieren? Hier ein paar Vorschläge:

Frau Asam erkennt an, dass Charlotte reifer geworden ist (auch wenn aus schulischer Sicht das Gegenteil der Fall zu sein scheint), und deutet die neue Distanz ihrer Tochter als einen an sich gesunden Prozess.

Je mehr Frau Asam die Bedürfnisse ihrer reiferen Tochter anerkennt und ihr, ohne ihre Erziehungspflicht zu vernachlässigen, entgegenkommt, desto mehr Nähe und Vertrauen wird, zumindest auf lange Sicht, wiederhergestellt.

Das Absinken der schulischen Leistungen ist vorerst eine Folge von Charlottes Abnabelung. Da sie bis vor Kurzem noch sehr viel Unterstützung der Mutter zuließ, wird sie vermutlich so schnell nicht wieder allein auf die Beine kommen. Das weiß Frau Asam, nur hat sie durch zu intensives Drängen bisher verhindert, dass Charlotte sich helfen lässt. Da wäre es gut, Charlottes Eltern könnten sich vorerst ganz zurückhalten und die schulischen Angelegenheiten erklärtermaßen ihrer Tochter überlassen. Wichtig ist dabei, dass dies nicht als Gleichgültigkeit (»Mach doch, was du willst«) oder Bosheit (»Dann lass ich dich halt gegen die Wand fahren«) rüberkommt, sondern als Vertrauensvorschuss: »Obwohl wir bislang keinerlei Anzeichen für mehr Anstrengung entdecken, wollen wir dir Zeit lassen, weil wir sicher sind, dass du das schaffen kannst. Wenn wir dabei helfen können, sind wir natürlich da (Vokabeln abfragen usw.), aber es macht keinen Sinn, dass wir dir unsere Hilfe aufdrängen.«

Soweit das Entgegenkommen. Charlottes Eltern sollten aber auch klarstellen, dass dieser Vertrauensvorschuss zeitlich nicht unbegrenzt ist. Zur Vereinbarung gehören in jedem Fall eine Frist (z. B. drei Monate) und die Ankündigung, wenn sich keine positiven Veränderungen zeigen würden, müsse über andere Maßnahmen nachgedacht werden.

Was Charlottes Onlineaktivitäten betrifft, könnte folgender Deal weiterhelfen: »Du sagst mir, mit wem du verkehrst (Junge/Mädchen, Alter, Wohnort), und versprichst mir, dich vorsichtig zu verhalten (Verschicken von Bildern, intime Mitteilungen) und mich zu informieren, wenn ein Treffen ansteht. Ich will dir im Gegenzug vertrauen und nicht mehr unangemeldet in dein Zimmer kommen. Du versprichst uns außerdem, dass du täglich nicht länger als … Stunden online aktiv bist.«

Meiner Erfahrung nach funktionieren derartige Absprachen für einen kurzen Zeitraum meistens ganz gut, bald melden sich aber alte Gewohnheiten zurück. Die Kinder verlieren ihre Pflichten aus dem Auge und die Eltern ihre Geduld und Vertrauensbereitschaft. Doch selbst wenn das Glück nur von kurzer Dauer ist, haben immerhin alle Beteiligten gesehen, dass es auch anders geht. Abgesehen davon kann man dem allzu raschen Ende der Kooperation vorbeugen: durch Gelassenheit und Zuversicht. Beobachtet man etwa beim Kind die Rückkehr des alten Schlendrians oder – schlimmer noch – verstößt es ganz klar gegen bestimmte Abmachungen, sollte von Elternseite nicht gleich wieder die Leine angezogen werden. Andernfalls ist die Veränderungsmotivation schnell dahin. Hilfreich wäre es dagegen, solche Beobachtungen zu sammeln und etwa einmal wöchentlich mit seinem Kind stressfrei zu besprechen:

- Gefallen hat mir letzte Woche an deinem Verhalten …
- Hier solltest du noch besser/zuverlässiger werden: …
- Indiskutabel war folgende Aktion: …

Vielleicht hat Ihnen der eben vorgestellte Fall schon ein paar Anregungen für den Umgang mit Ihrem Kind geben können. Egal, ob Sie wie Charlottes Mutter zurzeit eine Erziehungskrise durchmachen oder einfach nur ein paar Tipps haben wollen, wie das häusliche Miteinander in Sachen Schule verbessert werden kann – die folgenden Prinzipien hilfreicher Unterstützung eignen sich sowohl für den Normal- als auch für den Krisenfall.

Die eigene Rolle überdenken: Kontrolle vs. Motivation

Dass Eltern die schulischen Aktivitäten ihrer Kinder kontrollieren wollen und müssen, ist selbstverständlich – schließlich haben sie eine Erziehungspflicht. Die Frage ist nur: Wie viel Kontrolle ist sinnvoll? Manchen Eltern genügt der halbjährliche Blick aufs Zeugnis – sie sehen, dass es gut läuft, und überlassen dem Nachwuchs alles Weitere. Auf der anderen Seite des Spektrums finden sich Eltern, die jeden Einzelschritt ihres Kindes überwachen, angefangen bei den täglichen Hausaufgaben bis hin zum Verhalten im Unterricht, über das sie sich bei den Lehrkräften regelmäßig und ausführlich informieren.

Kontrolle ist dann sinnvoll, wenn sie dem Kind nützt, wenn sie dazu beiträgt, dass es Fertigkeiten entwickelt, die für das Lernen wichtig sind: sich zu organisieren, planerisch vorzugehen, konzentriert zu arbeiten, Fehler zu vermeiden und zu erkennen usw. Hilfreiche Kontrolle zeichnet sich dadurch aus, dass sie mit der Zeit zurückgenommen werden kann. Problematisch ist Kontrolle dann, wenn sie die Entwicklung zur Selbstständigkeit nicht unterstützt, sondern geradezu behindert.

Eltern, die zu intensiver Überwachung neigen, begründen dies meist mit dem Charakter ihres Kindes: Er oder sie sei eben noch nicht selbstständig genug oder von Haus aus faul. Ohne Druck würde das Kind oder der Jugendliche am Gymnasium nicht bestehen können. Ihre Haltung beruht auf der Erfahrung: Wenn ich nicht hinterher bin, passiert gar nichts.

Mag sein, dass verschärfte Kontrolle im besten Fall zu ordentlichen Leistungen verhilft. Die Kehrseite der Medaille: Eigene Motivation lässt sich so nur schwer aufbauen. Woher soll das schulische Selbstbewusstsein, die Lust auf Disziplin und Leistung kommen, wenn einem die Eltern nichts zutrauen und deshalb die Leine kurz halten? Mit dieser Haltung bleiben Sohn und Tochter abhängig vom äußeren Druck, und man kann nur beten, dass dieser bis in die Oberstufe trägt. Und selbst wenn – Höchstleistungen werden damit garantiert nicht erfolgen.

Auf selbst erarbeitete Motivation zu setzen bedeutet im Gegensatz dazu ein kurzfristig größeres Risiko, dem langfristig die Chance auf hohen Gewinn gegenübersteht. Wer sich für diesen Weg entscheidet, begleitet die schulische Entwicklung seines Kindes mit Neugier, Verständnis und Geduld. Man sollte es aushalten können, dass Hilfen nicht angenommen und Umwege gemacht werden, dass Noten vorläufig viel schlechter ausfallen, als es sein müsste. Auch die Vorstellung, das Gymnasium zu verlassen, darf nicht abschrecken. Die Chance: Durch Versuch und Irrtum, Erfolg und Niederlage knackt das Kind oder der Jugendliche mit der Zeit ganz von selbst den Erfolgscode. Von da an ist alles möglich.

Vertrauen schenken/
Freiräume lassen

Schulische Krisen können das gegenseitige Vertrauen von Eltern und Kindern erschüttern. Schon einzelne schlechte Noten lösen auf Elternseite oft Misstrauen aus: Nimmt der Jugendliche die Schule ernst genug? Lernt er ausreichend? Viele Eltern sind aufgrund ihrer täglichen Beobachtung geneigt, dies klar zu verneinen. Sie sehen, dass wenig bis gar keine Zeit für die täglichen Hausaufgaben aufgewendet wird. Im besten Fall sieht der Schüler das genauso, und man überlegt gemeinsam, was zu ändern ist. Meistens aber sind die Ansichten unterschiedlich. »Ich kann meinem Kind bei den Hausaufgaben nicht vertrauen«, wenden Eltern oft ein, um ihre Kontrollmaßnahmen zu begründen: Stichprobenweise ins Zimmer schauen, um zu sehen, dass wirklich gearbeitet wird. Nach den Hausaufgaben abfragen, um sicherzugehen, dass die Hefte angeschaut und die Vokabeln gelernt wurden.

Verstehen Sie mich nicht falsch: Abfragen, Hefte kontrollieren usw. können eine sinnvolle Lernunterstützung sein – vorausgesetzt, es geschieht im Einvernehmen mit dem Kind oder Jugendlichen. Im Vertrauen darauf, dass »meine Eltern mir damit helfen – das Abfragen ist eine gute Wiederholung für mich«, nimmt das Kind diese Maßnahmen als Unterstützungsangebot an. Schwierig wird es, wenn diese Kontrollmaßnahmen abgelehnt werden. Mütter oder Väter, die trotzdem darauf bestehen, werden dabei von einem Gefühl des Misstrauens geleitet: »Ohne Druck geht bei dem nichts, der betrügt sich sonst nur selbst.«

Das Problem dabei: Spürt das Kind, dass die Eltern ihm misstrauen und es deshalb schärfer kontrollieren, unternimmt es so einiges, was dieses Misstrauen leider bestärkt. Es trickst und täuscht, um sich der Kontrolle zu entziehen. Die Eltern merken das natürlich und verschärfen die Kontrolle noch weiter – der klassische Teufelskreis.

Es führt kein Weg daran vorbei: Will man diesen Teufelskreis aufbrechen, muss man dem Kind wieder mehr Freiheiten zugestehen – auch auf die Gefahr hin, dass sie missbraucht werden. Es ist sogar zu erwarten, dass ein Kind, das bisher stark reglementiert wurde, erst einmal lernen muss, mit der neuen Freiheit zurechtzukommen. Ein mühsamer Prozess also, der aber langfristig zu Selbstständigkeit beim Kind und damit zu Ihrer Entlastung führt.

Ich möchte die Hypothese aufstellen (betrachten Sie das aber bitte vorläufig als meine private Meinung, empirisch überprüft habe ich es bislang nicht), dass sich Eltern am Gymnasium in der Regel eher zu stark engagieren, dass viele Schüler mit weitaus weniger Interesse ihrer Eltern am Thema »Schule« nicht nur ebenso gut, sondern sogar besser leben und lernen könnten. Falls Sie jetzt meinen, meine Behauptung ziele auf die berüchtigten »Helikopter-Eltern« ab, täuschen Sie sich. Ich meine einen viel größeren Kreis von Eltern und ein viel größeres Spektrum von elterlichen Verhaltensweisen. Muss man wirklich zum

Elternstammtisch gehen, um über das »Drumherum« ausreichend informiert zu sein? Oder Elternabende: Muss man die Lehrer seiner Kinder denn wirklich mal gesehen haben, und wem dient diese Information? Ihrem Kind oder Ihrer Neugier? Muss man ein schlechtes Gewissen haben, nur weil man sich für die Inhalte des Unterrichts nicht interessiert und folglich mit dem Kind auch nicht darüber spricht? Vielleicht ist es der Tochter ganz recht, mit der Schule eine vor Elternneugier und -vereinnahmung geschützte Welt zu haben.

Ich persönlich profitierte davon, dass meine Eltern kein Abitur hatten, mir weder bei den Hausaufgaben helfen konnten noch Interesse daran zeigten, sich mit den Lehrplänen des Gymnasiums auseinanderzusetzen. So war ich auf mich allein gestellt – und wurde sehr selbstständig. Es gab auf Elternseite keinen Erwartungsdruck, keine Enttäuschung wegen schlechter oder nur durchschnittlicher Noten, dafür auf meiner Seite eine langsam, aber stetig wachsende Lust, mehr aus mir zu machen.

Ich bin meinen Eltern heute sehr dankbar für ihre Zurückhaltung, zumal ich als Schulpsychologe noch deutlicher sehe, wohin das Gegenteil führen kann. Sie waren einfach nur stolz, dass der »Bub« es aufs Gymnasium geschafft hatte. Impulse für meine schulische Verbesserung erhielt ich durch sie auf ganz andere Art. Beiden war eine höhere Schulbildung verwehrt geblieben, und so hatten sie das Bedürfnis, selbst noch etwas dazuzulernen. Mein Vater besuchte berufliche Seminare, meine Mutter die Volkshochschule. Die Eltern als Strebende und Lernende zu erleben hat mir für meine schulische Laufbahn mehr gebracht, als wenn ich von ihnen zu besserer Leistung angetrieben worden wäre.

Zeitliche Befristung

Sich als Eltern im Hinblick auf die Schule stark zurückzunehmen, seinem Kind mehr Eigenverantwortung zu übertragen ist oft ein sehr schwieriger Prozess. Selbst wenn man von seiner Notwendigkeit überzeugt ist, können einzelne Situationen dazu führen, dass man schnell den Glauben an den Erfolg verliert. Die Angst vor dem Versagen des Kindes ist allgegenwärtig. Stellt man z. B. nach einer Woche fest, dass das Kind wieder zu schludern beginnt, oder werden bestimmte Absprachen nicht eingehalten (z. B. immer kurz nach dem Essen mit den Hausaufgaben zu beginnen), kann diese Angst den Mut zur Veränderung vollständig verdrängen, und man fällt zurück in alte Verhaltensstereotype. Um das zu verhindern, wäre es gut, den »Systemwechsel« von vornherein als zeitlich befristetes Experiment zu betrachten und ihn auch dem Kind gegenüber so darzustellen: »Wir probieren das jetzt für drei Monate und geben beide unser Bestes (ich versuche, mich zu bremsen, du versuchst, Gas zu geben). Nach Ende der Frist entscheide ich, ob es so weiterlaufen kann. Also streng dich bitte an!«

Die zeitliche Begrenzung hilft Ihnen beim Loslassen, aber auch Ihr Kind wird dadurch motiviert, die neue Verantwortung ernst zu nehmen – andernfalls müsste es nach Ablauf der Frist befürchten, wieder mehr eingeschränkt zu werden. Ich empfehle Ihnen, selbst wenn der Systemwechsel schleppend anläuft, den Zeitraum einzuhalten und nicht frühzeitig abzubrechen. Bedenken Sie, dass der Umgang mit der neu erworbenen Freiheit auch geübt werden muss. Nutzen Sie wöchentliche Lerngespräche, um Ihrem Kind dabei Hilfestellung zu geben.

Das wöchentliche Lerngespräch

Das wöchentliche Gespräch im stressfreien Rahmen ist vor allem dann gut geeignet, wenn Sie vorhaben, Ihrem Kind mehr Freiräume bei der Hausaufgabenerledigung, beim Lernen insgesamt und eventuell auch in anderen Erziehungsbereichen zu lassen. Sie werden gute Gründe dafür haben, möglicherweise auch angeregt durch das vorangegangene Kapitel, sich aus dem Alltagsgeschäft des Lernens deutlich herauszunehmen – vielleicht auch, weil der tägliche Streit mit der Tochter oder dem Sohn einfach nicht weiterführt und alle Beteiligten nur zusätzlich belastet.

Manche Eltern neigen dazu, von einem Extrem ins andere zu verfallen. Häufig höre ich, wenn Kinder sich in Sachen Lernen von ihren Eltern partout nichts mehr sagen lassen wollen, den Ausspruch: »Dann lass' ich dich halt gegen die Wand fahren.« Mir gefällt dieses Bild nicht, weil es ein Scheitern unterstellt, das gar nicht stattfinden muss. Vielleicht ist es ja konstruktiv gemeint, dann wäre es aber besser, es auch so zu formulieren, z. B.: »Ich will mich aus deinen Lernangelegenheiten in Zukunft weitgehend heraushalten. Gerne helfe ich dir, wenn du auf mich zukommst (z. B. Vokabeln abfragen), ansonsten möchte ich mit dir deswegen nicht mehr streiten. Das heißt aber auch: Für Erfolg und Misserfolg bist ab jetzt vor allem du selbst verantwortlich.«

Wenn Sie mit Ihrem Sprössling ein wöchentliches Gespräch vereinbaren, könnte ihm der Übergang in die Eigenverantwortung noch leichterfallen. Tatsächlich sollte es vereinbart, also im Einvernehmen mit dem Sohn oder der Tochter beschlossen werden. Nun sind Kinder und Jugendliche nicht gerade wild darauf, sich einmal wöchentlich mit ihren Eltern über ihr Lernen zu unterhalten, deshalb ist es wichtig, dass Sie dieses Gespräch gut begründen. Am leichtesten können Sie Ihr Kind vermutlich dann dazu motivieren, wenn Sie dieses Gespräch zur Bedingung dafür machen, sich auf das Experiment »Eigenverantwortung« einzulassen. Nach dem Motto: »Was ist dir lieber – täglicher (sinnloser) Streit oder einmal in der Woche ein entspanntes Gespräch von einer Viertelstunde Dauer?«

Das wöchentliche Lerngespräch ist auch eine Hilfe für Sie, Ihren Part (weitgehende Zurückhaltung im Lernalltag) durchzuhalten. All die Beobachtungen, die Sie täglich machen, alle Hinweise und Ratschläge, die Sie spontan geben wollen, werden schon noch Gehör finden – nur nicht jetzt. Dafür zu einem Zeitpunkt, der viel besser geeignet ist, dass Ihre Angebote auch wirklich angenommen werden.

Hilfreich wäre es, dieses Gespräch auf einen festen Wochentag zu legen und an eine bestimmte Situation zu koppeln (z. B. sonntags nach dem Abendessen), in der erfahrungsgemäß alle Beteiligten ausgeruht sind und nicht unter Stress stehen. Um sich ein »Nö, Mama, jetzt bitte nicht …« (gut geeignet, den Stresspegel der Mutter gleich mal nach oben schnellen zu lassen) zu ersparen, könnte ausgemacht werden, dass das Kind den Zeitpunkt für das wöchentliche Gespräch vorschlägt. Damit es nicht in ein Streitgespräch ausartet, sollte ferner die Regel beachtet werden, dass niemand den anderen unterbricht. Hier ein paar Vorschläge, wie das Gespräch eröffnet werden könnte:

»Wie zufrieden bist du mit deinem Lernen in der letzten Woche gewesen, was ist dir gut gelungen und wo, findest du, müsste noch mehr passieren?«

Nachdem Ihr Sohn oder Ihre Tochter sich dazu geäußert hat, könnten Sie Ihre eigenen Beobachtungen dazu schildern, z. B.:

»Okay, dass du letzte Woche viel gelernt hast, klingt für mich glaubhaft, du hast dich ja oft wirklich lang in deinem Zimmer aufgehalten. Ich habe aber auch mitbekommen, dass du zwischendurch viele Unterbrechungen

hattest und viel telefoniert hast, da könntest du bestimmt noch konzentrierter sein. Auf jeden Fall hat es
mir gut gefallen, dass du bald nach dem Essen mit den
Aufgaben begonnen hast, ohne dass dich jemand daran
erinnern musste. Jetzt sag mir bitte noch, ob übernächste
Woche Prüfungen anstehen und wie du vorhast, dich
darauf vorzubereiten.«

Und im Anschluss an die entsprechende Antwort Ihres
Kindes:

»Klingt ganz gut, ich würde dir aber trotzdem empfehlen, einen schriftlichen Vorbereitungsplan anzuferti-
gen, damit tust du dir bestimmt leichter. Wenn du willst,
kann ich dir dabei auch helfen.«

Die größte Herausforderung für Sie wird vermutlich
darin bestehen, Ihre (mit Sicherheit sehr guten) Vorschläge
und Bedenken als reine Empfehlung, frei von jedem »Ich
verlange von dir« zu formulieren und es auch auszuhalten,
wenn Ihr Kind sie nicht oder nur halbherzig beachtet. Gerade diese Zurückhaltung wird es der Tochter oder dem
Sohn ermöglichen, irgendwann von selbst darauf zurückzukommen, oftmals dann, wenn die eigenen Ideen und
Vorstellungen sich in der Realität als untauglich erweisen.

»Notenpause« einlegen

Noten sind okay, solange man ein entspanntes Verhältnis zu ihnen behält. Wohl dem Schüler, der sich über gute Noten freuen kann und schlechte zum Anlass nimmt, sich mehr anzustrengen. Tatsächlich gibt es Schülerinnen und Schüler, für die eine Sechs, real oder vorgestellt, ein Ansporn ist. Verzweiflung kommt allerdings dann auf, wenn trotz aller Anstrengungen weiterhin nur schlechte Noten eingefahren werden. Der Hinweis »mangelhaft« oder »ungenügend« hat dann keinerlei Nutzen, sondern wird eher zur Bremse. »Bringt doch eh alles nichts« ist die häufigste Reaktion auf Schülerseite, man meidet das Fach, so weit es geht, und wird dabei natürlich nicht besser.

Versetzen wir uns in die Schülerin Nadja, die große Anstrengungen unternommen hat, um sich im Fach Latein zu verbessern. Seit Wochen wiederholt sie frühere Lektionen, um ihren Grundwortschatz und ihre Grammatikkenntnisse aufzufrischen. Auf die anstehende Prüfung bereitet sie sich ebenso gewissenhaft vor, überwindet dabei mehr als einmal ihren inneren Schweinehund, um ihr geplantes Lernpensum zu erfüllen. Trotz eines guten Gefühls nach der Prüfung reicht es am Ende nicht für die Note 4.

Nun gibt es in Nadjas Fall zwei Perspektiven. Die notenorientierte lautet: Alles für die Katz. Die ganze Anstrengung hat sich nicht gelohnt. Die persönlichkeitsorientierte Perspektive besagt dagegen: enorme Fortschritte in Sachen Selbstmotivation, Arbeitsverhalten, Durchhaltevermögen.

Die zweite Perspektive wäre die reifere, denn letztlich zählen die Tugenden, die Nadja unter Beweis gestellt hat, aufs Leben bezogen mehr als jede noch so gute Leistung in einer Lateinprüfung. Abgesehen davon würde sie, sofern sie diese Tugenden aufrechterhält, langfristig bestimmt auch bessere Noten in Latein erzielen. Doch mit sehr hoher Wahrscheinlichkeit wird Nadja die erste Perspektive einnehmen und nach der Prüfung ihre Anstrengungen im Fach Latein wieder einstellen.

Ich möchte nicht behaupten, dass die Bedeutung von Noten bei Schülern allein davon abhängt, wie ihre Eltern dazu stehen. Auf jeden Fall aber haben Sie einen Einfluss darauf, ob sich Ihr Kind von Fünfern und Sechsern verrückt machen lässt oder nicht. Im Krisenfall möchte ich Ihnen daher dringend ans Herz legen, für einige Monate weder nach Noten zu fragen noch sich darüber viele Gedanken zu machen. Stattdessen sollte der Fokus auf das Arbeitsverhalten und auf die Lernstrategien gerichtet sein. Jede Handlung, die zu einer Verbesserung des Lernens führt, verdient eine Bestärkung von Ihrer Seite, ein Lob, vielleicht sogar ein Geschenk. Haben Sie beobachtet, dass sich Ihr Sohn trotz großer Unlust überwunden und deutlich mehr für eine Prüfung gelernt hat als sonst, so ist das ein Schritt in die richtige Richtung – ganz gleich, ob seine Anstrengung von Erfolg (gute Note) gekrönt ist oder nicht. Die Anstrengung sollte das Ziel sein, nicht die bessere Note.

Einen Plan B haben

Schüler, die Leistungsprobleme haben, verhalten sich oft irrational. Die einen leiden unter übertriebenen Ängsten und befassen sich vor und während jeder Prüfung mit unzähligen Sorgen: Ein schlechtes Ergebnis gefährdet die Versetzung, noch mal durchfallen bedeutet, das Gymnasium verlassen zu müssen, danach kann es nur noch steil bergab gehen … Eine andere, nach meiner Beobachtung größere Gruppe neigt zur Verdrängung: Die schlechten Noten sind für sie nur Papier, mit den realen Folgen in der Zukunft setzen sie sich nicht groß auseinander. Wichtig ist der Moment, die Party morgen … Dies sind nur zwei Möglichkeiten, wie Schüler mit ihren Problemen umgehen können. Was beiden Typen fehlt, ist ein realer Blick auf die Zukunft, eine weder verdunkelte noch geschönte Sicht auf das, was sie im Falle des Scheiterns erwartet.

Dabei wäre es in beiden Fällen sehr hilfreich, sich detailliert mit einem Plan B zu befassen. Der ängstliche Typ könnte entspannter an alle weiteren Herausforderungen herangehen, wenn er sich klargemacht hätte, dass er seine Ziele auch anders erreichen kann, wenn das Scheitern bei den kommenden Prüfungen für ihn kein Weltuntergang wäre. Dem Verdränger wiederum könnten durch die Auseinandersetzung mit Plan B die Augen geöffnet werden: Was bedeutet das Scheitern? Welche Nachteile entstehen mir? Würden sich Anstrengungen zum jetzigen Zeitpunkt nicht doch lohnen?

Gut, wenn Eltern in schulischen Krisensituationen frühzeitig Alternativen ins Spiel bringen und sie mit ihren Kindern ohne drohenden Unterton, aber auch frei von eigenen Ängsten besprechen können.

Ein Beispiel: Seit zwei Jahren erledigt Patrick (9. Klasse) seine schulischen Aufgaben sehr unzuverlässig, Freizeit und Freunde stehen bei ihm stets im Vordergrund. Hatten seine Eltern anfänglich noch versucht, ihn zu einem größeren Lernpensum zu zwingen, haben sie dies inzwischen, des ewigen Kampfes müde, aufgegeben. Dass die Noten sich dramatisch verschlechtert haben, scheint Patrick kaum zu stören, er ist mit seinen Gedanken bei den Dingen, die ihm Spaß machen. Seine Mutter könnte sich, falls die Situation so bleibt, mit der Realschule anfreunden, wenngleich sie befürchtet, dass Patrick dort wegen seiner Faulheit ebenfalls scheitern würde. Für den Vater wiederum kommt ein Wechsel überhaupt nicht infrage, er sieht die Intelligenz seines Sohnes an der Realschule verschwendet und erwartet, dass Patrick endlich zur Vernunft kommt.

Eines scheint klar: Die Ungewissheit der Eltern, wie es für Patrick weitergehen soll, macht es ihm umso leichter, die Folgen seines Handelns zu verdrängen. Wenn es eh keinen Plan gibt, muss man auch gar nicht darüber nachdenken. Patrick spürt, dass ihm vorerst nichts passieren wird, also kann er weiter als Hans-guck-in-die-Luft durchs Leben gehen.

Nehmen wir an, die Eltern könnten sich, etwa mithilfe eines Schullaufbahnberaters, auf die Realschule als Plan B einigen. Sie haben sich genau informiert und wissen nun, wo sie Patrick wie und bis wann anmelden müssten, welche Fächer eventuell nachzuholen wären usw. Beide sehen in der Realschule jetzt die bessere Perspektive für ihren Sohn, falls« sich an der momentanen Situation nichts ändern sollte. Bestimmt, aber ohne damit zu drohen, besprechen sie mit Patrick nach dem Abendessen, was sie mit ihm vorhaben. Natürlich könne er gern am Gymnasium bleiben, aber dazu müsse er innerhalb einer (nicht zu knapp bemessenen) Frist erst einmal unter Beweis stellen, dass er zu mehr Anstrengung als bisher bereit sei.

Nach meiner Erfahrung bewirkt ein ernstes, konstruktives Gespräch dieser Art viel mehr als der tägliche Kampf um die schulischen Pflichten, kombiniert mit dahingesagten Drohungen wie »Dann melde ich dich halt vom Gymnasium ab«. Patrick spürt jetzt, dass seine Eltern es ernst meinen. Im besten Fall ist er auch beeindruckt von ihrer Einigkeit und der klaren Ansage, die er insgeheim schon lange vermisst hat.

Auch prüfungsängstliche Schüler wären gut beraten, sich eine Möglichkeit in Reserve zu halten – für den Fall, dass alle Stricke reißen. Erfahrungsgemäß sind die üblichen Alternativen – Wiederholen, dazu eventuell den Zweig (und damit vielleicht auch das Gymnasium) wechseln, auf die Realschule gehen – mit Ängsten und Vorurteilen behaftet, und zwar bei Kindern wie bei Erwachsenen. Spitzenreiter bei den Kindern ist die Angst davor, die gewohnte Klassengemeinschaft zu verlieren. Man malt sich aus, zum Versager gestempelt in eine neue Klasse zu kommen und dort keinen Anschluss zu finden. Eltern dagegen fürchten meistens den freien Fall nach unten: Wer garantiert, dass sich das Versagen langfristig nicht fortsetzt? Aus diesem Grund sträuben sich Schüler und ihre Eltern oft gegen derartige Gedankenspiele und meinen, es wäre besser, sich voll und ganz auf das angepeilte Ziel zu konzentrieren. Abgesehen davon könnte das Kind, so die Sorge, die Überlegung ja auch missverstehen und meinen, man traue ihm nicht zu, das Jahr noch zu schaffen. Tatsächlich schließen sich Zutrauen und alternative Überlegungen überhaupt nicht aus: »Wir glauben an dich und sind uns sicher, dass du das hinkriegst. Wir sehen aber auch, dass du dich selbst ganz schön unter Druck setzt, weil du meinst, es schaffen zu *müssen*. Dabei gäbe es im Fall der Fälle immer noch folgende Alternative …«

Plan B Realschule – weniger schlimm als befürchtet

Um noch einmal auf die Bedenken gegen die Realschule zurückzukommen: »Dort wird ihm/ihr doch auch nichts geschenkt, früher oder später wird er/sie wegen seiner/ ihrer Faulheit auch dort scheitern!« Hinter der Furcht vor dem ungebremsten Abstieg steckt oft eine falsche Annahme darüber, was Kinder anspornt oder bremst. Man glaubt, ein hoher Anspruch (Gymnasium) würde dazu führen, dass der Sohn oder die Tochter sich ins Zeug legt, ein niedriger (Realschule) dagegen, dass er oder sie verlottert. Man malt sich als Mutter oder Vater düster aus, wie das Kind nach dem Wechsel an die Realschule seine Anstrengung noch mehr zurückfährt, weil ihm dort vieles leichter erscheint. Was dabei außer Acht gelassen wird: Die Leistungsbereitschaft hängt viel mehr von der Frage ab: »Kann ich durch Lernen etwas zu meinen Gunsten beeinflussen?« Am Gymnasium mag die Antwort des Schülers derzeit »Nein« lauten, zumindest ohne einen zumutbaren Aufwand. An der Realschule stehen die Chancen gut, dass sich die mangelnde Selbstwirksamkeitsüberzeugung positiv verändert und damit auch die Lernbereitschaft.

Ein weiterer Einwand gegen die Realschule ist für viele Eltern die unterstellte überdurchschnittliche Intelligenz ihres Kindes. Es müsste doch »nur« mal Gas geben, dann wäre alles geritzt! Wer so denkt, geht davon aus, dass Anstrengung die weniger wichtige, da erlernbare Eigenschaft ist, während man Intelligenz eben hat oder nicht hat. Ein Trugschluss! Am Gymnasium kommt es, Intelligenz hin oder her, vor allem auf Anstrengung, auf gute Lern- und Arbeitsstrategien an. Intelligenz, selbst wenn sie weit über dem Durchschnitt liegt, verliert mit zunehmender Klassenstufe an Bedeutung – sofern keine Anstrengungsbereitschaft vorhanden ist. Eine schnelle Auffassungsgabe hilft einem zwar immer, vor allem wenn im Unterricht neue Inhalte durchgenommen werden. Damit aber die Klassenarbeit gelingt, sind noch ganz andere Eigenschaften erforderlich. Selbst Gymnasien, die Hochbegabtenklassen eingerichtet haben, halten Schüler vom Typ »hochbegabt, aber faul« aus Erfahrung für eine Fehlbesetzung.

Abgesehen davon darf man die Realschule nicht darauf reduzieren, dass sie im Vergleich zum Gymnasium von weniger intelligenten Schülern besucht wird. Zwar legt die am Notenschnitt orientierte Übertrittsregelung (z. B. in Bayern: bis 2,33 Gymnasium, bis 2,66 Realschule) diesen Schluss nahe, doch besser lässt sich der Unterschied zum Gymnasium am Anforderungsprofil festmachen: Die Ausbildung an der Realschule ist mehr an den praktischen Anforderungen einer Lehre und einer Fachoberschule orientiert, während die Vermittlung abstrakt-theoretischer Inhalte im Vergleich zum Gymnasium eher wenig Raum einnimmt. Dass ein Jugendlicher das intellektuelle Rüstzeug für das eher abstrakt orientierte Gymnasium besitzt, heißt noch lange nicht, dass ihn dessen Inhalte auf der emotionalen Ebene ansprechen. Da kann die praktische Ausrichtung der Realschule, Fächer wie Hauswirtschaft oder Buchführung, viel mehr Zugkraft haben. Auch die Aussicht, zwei Jahre früher ins Berufsleben einzusteigen, etwas Praktisches zu machen, wirkt motivierend.

Im Laufe der Zeit habe ich viele Schüler und Eltern erlebt, die mit mulmigem Gefühl an die Realschule wechselten. Ich kann mich aber an niemanden erinnern, der diese Entscheidung bereut hätte. Immer wieder laufen mir ehemalige Schüler unseres Gymnasiums, die jetzt die Real- schule nebenan besuchen, über den Weg und kommen mit mir ins Gespräch. So gut wie alle erklären: Viel besser jetzt, endlich wieder gute Noten, schnell neue Freunde ge- funden.

Prüfungsangst überwinden

Mittwoch, zweite Stunde, Englisch. Herr Indinger wundert sich über seine 7a, die er sonst viel ruhiger und konzentrierter erlebt. Nicht genug, dass die Hälfte der Klasse die Hausaufgabe nicht gemacht hat. Jetzt, bei der Verbesserung, passt auch niemand so richtig auf. Gerade eben musste er wieder eine Schülerin wegen Fremdbeschäftigung ermahnen. Irgendetwas scheint im Moment wesentlich wichtiger als sein Fach zu sein.

»Was ist denn heute nur mit euch los?«, entfährt es dem Lehrer schließlich.

»Schulaufgabe in Mathe!«, gibt Miles knapp zurück.

Ach so! Als alter Hase weiß Herr Indinger, dass er sich für die nächsten 20 Minuten in dieser Klasse nicht mehr allzu viel vornehmen sollte. Er beschließt, die Einführung der neuen Lektion noch einmal zurückzustellen, und lässt die Schüler in Eigenregie eine Grammatikübung machen. Ihrem Wunsch, die Stunde ein paar Minuten früher zu beenden, gibt er großzügig nach und wünscht ihnen im Hinausgehen Hals- und Beinbruch.

Kaum hat der Englischlehrer das Zimmer verlassen, läuft die Nervosität der Klasse zur Höchstform auf. Wer nicht schon längst sein Mathematikheft oder -buch auf der Bank liegen hat, holt es spätestens jetzt hervor. Schnell werden noch einmal die wichtigsten Formeln gecheckt, die letzten Fragen geklärt, der Spickzettel in Position gebracht.

»Wie geht das noch einmal mit dem Auflösen der Minusklammer?« Der beste Moment auch für das Aufkommen fieser Gerüchte: »Was, die Schilling bringt jetzt doch die Aufgabe mit dem fehlenden Grundwert dran!?«

Ein kurzer Anflug von Panik. Nur wenige Schüler bleiben bei alldem lässig zurückgelehnt auf ihrem Stuhl sitzen, grinsen zufrieden vor sich hin oder führen mit ihrem Nachbarn harmlosen Small Talk. Unnötig zu erwähnen, dass ihnen Mathematik nicht allzu schwerfällt.

Da kommt auch schon die Mathelehrerin gut gelaunt zur Tür herein. Ihre Tasche in der einen Hand, in der anderen einen Stoß mit Kopien und karierten Blättern. Ein allgemeines Aufheulen, als die Schüler einen kurzen Blick auf die Angabenblätter erhaschen: Die Seite ist bis zum unteren Rand vollgedruckt.

»Keine Angst, die wird nicht schwer«, versucht Frau Schilling zu beruhigen.

Aber das hat sie auch bei der letzten Arbeit behauptet. Schon werden die karierten Bögen von den Schülern beschriftet, während Frau Schilling von hinten nach vorne durch die Reihen geht und die Angabenblätter persönlich austeilt – natürlich zunächst verdeckt. Schnell wird es sehr ruhig im Klassenzimmer. Es ist kaum auszuhalten, das Blatt, das verdeckt vor einem liegt, nicht doch schon umzudrehen. Herzklopfen, schwerer Atem. Die erste Reihe wird noch abgefertigt – und los geht's: »Bitte dreht jetzt um!«

Kaum ist die erste Aufgabe überflogen und eine Lösungsidee absehbar, verflüchtigt sich die Aufgeregtheit schlagartig und weicht einer Energie, über die viele Schüler unter normalen Umständen kaum verfügen. Alles rechnet und schreibt im Schnelltakt – nur über Carmen bleibt eine Gewitterwolke hängen, die sich inzwischen tiefschwarz gefärbt hat. Bereits bei der ersten und leichtesten Aufgabe kommt sie ins Schlingern, verrechnet sich, verrechnet sich noch einmal, weiß schließlich nicht mehr weiter. Das Gekritzel um sie herum macht sie wahnsinnig: *Warum tun die sich alle so leicht? Bin ich wirklich so dumm? Ich kann doch heute nicht schon wieder ablosen – verdammte Scheiße!* Sie lässt den Rest der Seite frei und macht sich an die nächste Aufgabe, doch hier weiß sie noch nicht einmal, was eigentlich verlangt wird. *Super, du dumme Sau, da hättest du ja auch gar nichts zu lernen brauchen!* Sie versucht noch die restlichen Aufgaben, aber auch hier stellt sich kein Erfolgserlebnis ein. Vieles, was sie eigentlich konnte, fällt ihr jetzt nicht mehr ein. Als Frau Schilling die letzten 15 Minuten ankündigt, kann sie nur noch bitter in sich hineinlachen. Sie verbringt diese Viertelstunde im Wesentlichen damit, sich weiter abzuwerten und die düstere Zukunft auszumalen, die einer Versagerin wie ihr bevorsteht.

Ich beschreibe hier eine Situation, die vielen Schülern mit Prüfungsangst bekannt vorkommen dürfte. Nicht immer sind negative Gedanken während der Prüfung (bewusst) vorhanden, fast durchweg dagegen erleben die betroffenen Schüler, dass sie nicht oder nur stark eingeschränkt abrufen können, was sie eigentlich wissen und beherrschen. Das Teuflische an dieser Erfahrung ist natürlich, dass sich aus ihr die Angst vor der nächsten Prüfung speist. Hinzu kommen die schlechten Noten, die den Druck noch erhöhen – ein Teufelskreis, aus dem so leicht kein Weg herausführt.

Wie ängstlich ein Kind oder Jugendlicher bei Prüfungen ist und wie stark die Leistung durch die Angst beeinträchtigt wird, hängt von vielen Bedingungen ab. Ich werde in diesem Kapitel den Fokus auf solche Bereiche lenken, die auch ohne intensive Therapie beeinflussbar sind. Möglicherweise ist die Prüfungsangst aber Folge einer allgemeinen Angststörung oder gar einer Depression. Wenn dieser Verdacht besteht, sollten Sie diesen Ratgeber schnell beiseitelegen und psychiatrisch abklären lassen, ob eine derartige Erkrankung vorliegt. Wenn nicht, vermittelt Ihnen die folgende Abbildung einen guten Überblick, wie der Stier an den Hörnern gepackt werden kann.

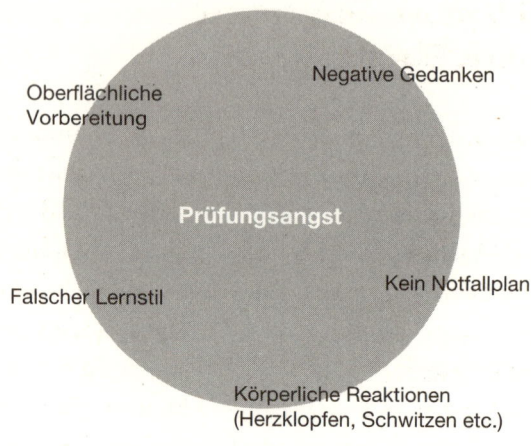

Oberflächliche Vorbereitung

Negative Gedanken

Prüfungsangst

Falscher Lernstil

Kein Notfallplan

Körperliche Reaktionen
(Herzklopfen, Schwitzen etc.)

Hinter Prüfungsangst steckt oft eine schlechte Vorbereitung und auch sonst ein nicht so toller Lernstil. Fast immer sind bei Prüfungsangst negative Denkweisen und Einstellungen am Werk. Dazu kommen körperliche Reaktionen, die mitunter so stark sein können, dass sie zu einem Blackout führen. Es wird nun darum gehen, in diesen drei Bereichen neue Strategien zu entwickeln. Mit einem Plan für die Prüfung selbst, insbesondere für eventuell auftretende Notfälle, wollen wir das Projekt »Raus aus dem Teufelskreis« dann abrunden.

Im Folgenden wende ich mich wieder einmal direkt an Ihr Kind. Es wäre gut, wenn Sie die einzelnen Empfehlungen auch unter dem Gesichtspunkt mitlesen würden, was Sie an Ihrer eigenen Einstellung und an Ihrem Denken verändern könnten, damit die Umsetzung noch besser gelingt.

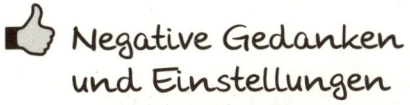

Negative Gedanken und Einstellungen

Lassen wir die Frage, wie gut du dich auf Prüfungen vorbereitest, erst einmal beiseite, und beschäftigen wir uns mit der spannenden Frage, was für Gedanken dir durch den Kopf schießen, wenn ein Test näher rückt oder während du ihn schreibst. Das herauszufinden ist gar nicht so leicht. Vielleicht sagst du jetzt: »Mir sind dabei noch keine besonderen Gedanken aufgefallen« – dann wäre es gut, wenn du in nächster Zeit mal darauf achten würdest. Immer wenn du dich bei einem Gedanken wie »Puh, darauf habe ich jetzt keinen Bock«, vielleicht aber auch »So ein Scheißfach« oder »Das check' ich doch nie!« erwischst, solltest du ihn aufschreiben. Sammle solche Gedanken eine Woche lang in einer Art Tagebuch, damit wir an der Stelle weiterarbeiten können. Andere Schüler müssen hier nicht lange suchen, sie grübeln schon lange so intensiv und leidenschaftlich, dass sie auf Anhieb ein paar typische Gedanken nennen können, die mit dem Thema »Prüfung« zusammenhängen.

Warum ist es so wichtig, sich mit diesen Gedanken zu befassen? Die Angst vor Prüfungen wäre ja kaum vorhanden, wenn man sie nicht so wichtig nehmen würde. Dass man sie wichtig nimmt, hat mit der inneren Einstellung und damit auch mit der Frage zu tun, wie man über Leistung, Erfolg und seine eigenen Fähigkeiten denkt. Betrachten wir es einmal andersherum: Schüler, denen Prüfungsangst fremd ist, sehen in Prüfungen keine so große Bedrohung, weil sie an sich glauben (»Ich kann das« oder »Ich bin halt in anderen Sachen gut«) oder der Meinung sind, dass ihr Schicksal nicht davon abhängt, wie sie in der Prüfung abschneiden (»So wichtig ist das jetzt auch wieder nicht!«). Wenn es dir irgendwie gelingen könnte, ebenso lässig über Prüfungen zu denken, wäre schon einmal sehr viel gewonnen. Lässig zu denken heißt übrigens nicht, die Prüfung nach-lässig anzugehen. Man kann top vorbereitet sein und trotzdem cool bleiben, wenn es nicht so läuft.

Mir hat es als Schüler immer geholfen, wenn ich mir vor einem Test klargemacht habe, wie unwichtig der Ausgang dieses Tests eigentlich für mein Leben ist. Damals, in den 80er-Jahren, wurde viel über die Bedrohung durch Raketen und Atomkraftwerke geredet. Es gab einen Thriller über den Super-GAU. Kurz vor Prüfungen habe ich mich in diesen Film hineingedacht und mir kurz vorgestellt, wie ich vergebens vor der tödlichen Wolke flüchte. Im Gegensatz dazu fand ich die Prüfung dann ziemlich harmlos. Oder ich dachte an Leute, die es ohne besondere Schulbildung sehr weit gebracht haben. Okay, zugegeben – ich hatte es auch nicht so schwer, mich zu beruhigen: Mir saßen z. B. keine Eltern im Nacken, die besondere Ansprüche an mich hatten oder besorgt um meine Noten waren. In meinem Freundeskreis gab es auch keine Leute, die mich links liegen gelassen hätten, wenn ich nur noch Sechser geschrieben hätte. Und ich war immer so weit von mir überzeugt, dass ich es irgendwie, auch ohne guten Abschluss oder sogar ohne Gymnasium, zu etwas bringen würde.

Nehmen wir mal an, ein Gedanke wie »Wer in Prüfungen schlecht abschneidet, ist ein Versager« ist mit schuld an deiner Prüfungsangst. So verkehrt scheint der Satz auf den ersten Blick gar nicht zu sein, »versagen« heißt schließlich so viel wie »es nicht schaffen«. Erst wenn man genauer hinsieht, entlarvt man die gemeine Unterstellung: Mit »ist ein Versager« wird die Person, die schlecht abschneidet, insgesamt und umfassend abgewertet, fast hört es sich so an wie »ist nichts wert«. Warum aber soll eine Person, die in einem Fach, meinetwegen auch in mehreren Fächern, Probleme hat, nichts wert sein? Wer so denkt (und fühlt), denkt extrem negativ und macht sich damit das Leben unnötig schwer. Jede Prüfung wird dann zur ultimativen Bedrohung, denn wenn man sie vergeigt, ist man nichts mehr wert. Logisch, dass man davor und währenddessen Angst hat und voller Sorge ist.

So einen negativen Gedanken zu erkennen ist schon einmal ein guter Anfang, um ihn loszuwerden. Im nächsten Schritt würde ich ihn umformulieren oder, besser gesagt, ihm einen positiven Gedanken gegenüberstellen.

Negativ-Gedanke	Positiv-Gedanke
Wer in Prüfungen schlecht abschneidet, ist ein Versager.	Es gibt bekannte Persönlichkeiten, die schulische Nieten waren und trotzdem Tolles geleistet haben.
	oder
	Ich habe Stärken und Talente (aufzählen: ...), die mir nichts und niemand nehmen kann – auch eine vermasselte Prüfung nicht.
	oder
	Ich mag mich, wie ich bin – auch wenn ich (mal) in einem Test versage.

Der letzte Satz in der rechten Spalte klingt in deinen Ohren vielleicht etwas komisch. Er hat mit Selbstbewusstsein zu tun. Man könnte sagen: Selbstbewusste Menschen sind solche, die sich selbst mögen – ganz gleich, was andere von ihnen halten und wie erfolgreich oder nicht erfolgreich sie sind. Mal andersherum betrachtet: Viele Kinder, Jugendliche und Erwachsene sind zwar sehr erfolgreich, wirken selbstbewusst und halten sich auch dafür – schließlich bekommen sie ja ständig Lob und Bestätigung. Aber wenn der Erfolg mal ausbleibt, rutscht ihr angebliches Selbstbewusstsein sofort in den Keller. Ganz schnell fühlen sie sich wie eine Null und hacken dann auch gern selbst auf sich herum: »Was bin ich nur für ein Vollidiot!« Oder: »Wie kann man nur so blöd sein!« Ein wirklich selbstbewusster Mensch würde dagegen sagen: »Schade, dass es schiefgegangen ist – beim nächsten Mal passe ich besser auf/strenge ich mich mehr an/vermeide ich den Fehler.« Merkst du den Unterschied? Wer sich selbst mag (und nicht nur, wenn es gut läuft), den kann so schnell nichts erschüttern. Und schließlich hast du, wenn du selbstbewusst bist, auch die besten Chancen, erfolgreich zu sein. Denn dann bist du in Prüfungen frei von Sorgen und Ängsten, die dich keinen klaren Gedanken fassen lassen.

Gibt es viele Leute, die du lächerlich, dumm, hässlich … findest? Das wäre ein Zeichen dafür, dass dein Selbstbewusstsein nicht sehr groß ist – auch wenn du anderer Meinung bist. Denn wer andere oft und gern abwertet, macht auch vor sich selbst nicht halt. Ein weiterer Schritt hin zu mehr Selbstbewusstsein und weniger Prüfungsangst wäre es also, auch über andere weniger negativ zu denken und zu versuchen, das Positive an ihnen zu erkennen. Eine weitere Möglichkeit: Frag doch mal deine Eltern oder gute Freunde von dir, was sie an dir mögen und schätzen – am besten in schriftlicher Form. Vielleicht antworten sie dir: »dass man sich auf dich verlassen kann« oder »dass du so sozial bist« oder »mit dir ist es immer lustig« – auf jeden Fall werden viele Eigenschaften dabei sein, die mit »Leistung« nichts zu tun haben und die durch keine Prüfungsnote, und sei sie noch so schlecht, infrage gestellt werden.

Hier noch ein paar Beispiele für negative Gedanken und wie du ihnen begegnest, indem du ihnen positive gegenüberstellst:

Negativ-Gedanke	Positiv-Gedanke
Mathe werde ich doch eh nie kapieren.	Hin und wieder kapiere ich doch etwas. *oder* Wenn ich das gut übe, erhöhen sich meine Chancen. *oder* In den Sprachen tue ich mir zwar leichter, aber in Mathe ist deswegen noch lange nicht Hopfen und Malz verloren.
Fast alle in der Klasse sind intelligenter als ich.	Was ich nicht sofort kapiere, kann ich mir zu Hause noch mal in Ruhe anschauen. Dadurch bleibt es auch besser im Gedächtnis. *oder* Noten haben nicht unbedingt etwas mit Intelligenz zu tun. Das zu erkennen zeugt allein schon von Intelligenz.

Beim Umformulieren von Negativ-Gedanken in Positiv-Gedanken ist darauf zu achten, dass man realistisch bleibt. Es bringt einem nicht sehr viel, Wunschträume zu formulieren, die man sich selbst niemals abkaufen würde. So gesehen, ist es wohl unsinnig, »Ich bin der Dümmste« einfach in »Ich bin der Schlaueste« umzukehren.

Befürchtungen lassen sich übrigens nicht nur mit positiven Gedanken bekämpfen. Eine Methode, die manchmal erstaunlicherweise hilft, ist die paradoxe Intention. Hier schlägst du der Angst ein Schnippchen, indem du etwas völlig Unerwartetes tust: Du wünschst dir (natürlich im Spaß), dass deine Befürchtung nicht nur eintritt, sondern mit so einer Wucht einschlägt, dass man dich für das Guinnessbuch der Rekorde vorschlagen könnte.

Negativ-Gedanke	Paradoxe Intention
Hoffentlich schreibe ich keine Fünf.	Ich möchte diesmal eine Sechs schreiben, aber nicht irgendeine Sechs. Es soll die schlechteste Arbeit werden, die jemals geschrieben wurde. Mal sehen, ob ich es schaffe, in jedes Wort mindestens drei Fehler hineinzubringen. Der Lehrer soll an meiner Arbeit seinen gesamten Rotstift aufbrauchen …

Die in der rechten Spalte aufgeführten Gedanken hören sich unsinnig an, und genau darum funktioniert die Methode auch manchmal – vor allem, wenn die Befürchtung, eine »Fünf« zu schreiben, ganz und gar unrealistisch ist. So, wie man einen Vampir bekanntlich mit Knoblauch in Schach halten kann, lässt sich die Angst mit Humor bannen. Du machst dich sozusagen über deine eigene Angst lustig und diese damit klein.

Zurück zu den positiven Gedanken. Schön, wenn du angefangen hast, mit solchen Gedanken die negativen kleiner werden zu lassen. Erwarte jetzt bitte nicht, dass sie sofort ganz verschwinden. Es ist wie im Sport: Fortschritte kommen nur durch Training. Hier nun das Trainingsprogramm für deine positiven Gedanken:

1. Einmal am Tag (z. B. vor dem Einschlafen) gehst du deine Sammlung positiver Gedanken der Reihe nach durch und sagst sie innerlich auf.

2. Wann immer du dich bei einem Negativ-Gedanken ertappst, hältst du innerlich sofort ein Stoppschild in die Höhe – für dich ein Signal, diesen Gedanken sofort einzustellen und gegen einen positiven zu ersetzen. Wiederholung eingeschlossen.

Beispiel:

»Ich schaffe die Klasse doch sowieso nicht.«

»Stopp – Stopp – Stopp – Stopp …«

»Ich gebe mein Bestes, um die Klasse zu schaffen. Und wenn es nicht reichen sollte, muss ich mir zumindest keine Vorwürfe machen.« (Bei Bedarf mehrmalige Wiederholung dieses Gedankens.)

 Körperliche Reaktionen

Wenn es dir gelingt, deine Gedanken vor und während der Prüfung positiv zu verändern, werden deine Angstgefühle und die damit verbundenen körperlichen Reaktionen (Herzklopfen, roter Kopf, Schweißhände, Zittern …) nicht mehr ganz so schlimm auftreten wie bisher. Du kannst deine Gefühle und körperlichen Reaktionen aber ganz direkt beeinflussen. Es gibt viele Entspannungstechniken, die z. B. auf die Muskulatur abzielen. Da Angst immer mit Anspannung der Muskeln verbunden ist, kannst du sie austricksen, indem du diese Anspannung wieder zurückfährst. Das funktioniert natürlich nicht sofort, auch hier ist wieder einmal Training angesagt. Du musst diese Techniken oft genug geübt haben, um sie dann in der Prüfungssituation auch abrufen zu können.

Eine einfache Entspannungsübung im Sitzen

Während du bequem auf einem Stuhl sitzt und die Augen geschlossen hast, sagst du im Abstand von etwa 20 Sekunden hintereinander folgende »Formeln« (nicht laut, sondern innerlich) auf:

1. »Meine Arme und Beine sind angenehm schwer.« Dabei richtest du deine Aufmerksamkeit ganz auf deine Arme und Beine, spürst in sie hinein. 20 Sekunden darauf verweilen und die Formel noch ein paarmal wiederholen.

2. »Meine Arme und Beine sind angenehm warm.« Deine Aufmerksamkeit bleibt ganz auf deine Arme und Beine gerichtet. Auch hier wieder 20 Sekunden verweilen und die Formel dabei wiederholen.
3. »Ich überlasse mich meinem Atem.« Jetzt beobachtest du etwa 20 Sekunden lang deine Atmung und wiederholst die Formel ein paarmal.
   Nach etwa einer Minute machst du die Augen wieder auf – die Übung ist beendet.

Die meisten Schüler spüren beim ersten Mal schon eine ganz angenehme Wirkung. Doch Vorsicht: Damit diese Entspannungsmethode auch kurz vor oder während einer Prüfung funktioniert, also in einem Zustand extremer Anspannung, musst du sie regelmäßig üben. Am besten, du gewöhnst dir an, sie täglich einmal vor den Hausaufgaben oder zu einem anderen festen Zeitpunkt durchzuführen. Viele Schüler haben mir berichtet, dass sie dadurch mit der Zeit eine immer bessere Wirkung erzielt haben.

👍 Prüfungsvorbereitung und Notfallplan

Zum Thema »Prüfungsvorbereitung« möchte ich an dieser Stelle gar nicht mehr viel sagen – bitte schau dir dazu das Kapitel »Prüfungen vorbereiten« an. Lies es auch dann durch, wenn du meinst, dich bislang immer gut vorbereitet zu haben. Ich weiß aus Erfahrung, dass viele Schüler eine verwegene Vorstellung von »guter Vorbereitung« haben, andere wiederum geben sich zwar sehr viel Mühe, setzen aber die Schwerpunkte falsch. Ziemlich oft ist die sogenannte Prüfungsangst eine ganz logische Angst: Wenn man ahnt, sich sehr oberflächlich oder falsch auf eine Prüfung vorbereitet zu haben, liegt es doch auf der Hand, dass man ängstlich ist. In diesem Fall braucht man keinen Psychologen, sondern einen guten Vorbereitungsplan.

Vielleicht hast du den Abschnitt »So geht regelmäßige Wiederholung« schon gelesen, in dem ich mich über das weitverbreitete »Bulimielernen« beklage: Prüfungsstoff kurzfristig in sich reinschaufeln – in der Prüfung alles rauslassen – danach sofort wieder vergessen. Kennst du das von dir? Dann sollte dir klar sein, dass dieser Lernstil der beste Freund deiner Prüfungsangst ist. Was du dir vor der Prüfung schnell und gewaltsam in dein Gedächtnis zwängst, ist extrem störanfällig. Da reicht schon ein bisschen Nervosität – schon verschwimmt alles vor deinem inneren Auge. Daher ist die regelmäßige Wiederholung und das, was ich in dem genannten Kapitel »Vorbereitungsstrategie« nenne, eine sehr gute Vorbeugung gegen Blackouts in der Prüfung.

Das soll nicht heißen, dass mit Schulaufgabenvorbereitung und gutem Lernstil alle Probleme gelöst sind. Natürlich gibt es Schüler (und du gehörst vielleicht dazu), die das schon alles berücksichtigen – und trotzdem in Prüfungen viel weniger zu Papier bringen, als sie eigentlich können. Die nach dem Umdrehen des Aufgabenblattes erst so richtig zu schwitzen beginnen und auch mal in den Zustand einer Totalblockade geraten, wo ihnen gar nichts mehr einfällt. Da wäre es sehr hilfreich, sich vorher einen Notfallplan gestrickt zu haben. Man erweitert sozusagen die »normale« Prüfungsvorbereitung und überlegt nicht nur, was alles drankommen könnte, sondern auch, was einem während der Prüfung alles passieren könnte. Du kennst dich selbst am besten und musst nur einmal gründlich nachdenken: »Was hat mich bei der letzten Prüfung aus dem Konzept gebracht? Ab welchem Zeitpunkt ging gar nichts mehr, und was ist davor passiert? Bin ich bei einer Teilaufgabe hängen geblieben? Sind mir tausend Sorgen durch den Kopf geschossen?« Vielleicht fallen dir so ein paar typische Stolperfallen ein, auf die du dich dann schon vorher einstellen kannst. Hier ein paar Beispiele:

Was passieren könnte	Wie ich bisher reagiert habe	Wie ich diesmal reagieren werde
Ich drehe das Blatt um und erschrecke, weil es so viele Aufgaben sind.	Ich werde nervös und denke: »Das schaffe ich doch nie!«	Ich bleibe cool und denke: »Ich muss gar nicht alle Aufgaben schaffen, um die Note … zu bekommen.«
Ich lese die Aufgabe und habe keine Ahnung, was ich machen soll.	Ich gebe sofort auf.	Ich atme ein paarmal ruhig durch; dann lese ich die Angabe noch mal. Lange, komplizierte Sätze zerlege ich in kurze Einzelsätze.

Was passieren könnte	Wie ich bisher reagiert habe	Wie ich diesmal reagieren werde
Ich komme bei einer Aufgabe einfach nicht weiter.	Ich beiße mich fest, bis ich sie gelöst habe.	Ich steige aus der Aufgabe einfach aus, lasse Platz für später, atme einmal durch, denke an etwas Schönes und mache dann mit einer anderen Aufgabe weiter.
Mir fällt gar nichts mehr ein.	Ich gerate in Panik, gebe mich Gedanken an Sitzen-bleiben/Vom-Gymnasium-Fliegen hin.	Ich lehne mich zurück und mache zwei Minuten lang die Entspannungsübung, die ich davor immer wieder geübt habe.
Plötzlich lenkt mich das Gekritzel meiner Banknachbarin total ab.	Ich werde wütend.	Ich stecke mir Ohren-stöpsel in die Ohren.
… weitere dir bekannte Störfälle	… entspre-chende Reaktionen	… die positiven Reaktionen

Eltern und Prüfungsangst

Bei der Umsetzung der oben beschriebenen Techniken und Strategien wird Ihr Kind je nach Alter mehr oder weniger Hilfe von Ihnen benötigen. Nehmen wir den Punkt »Gedanken verändern«: Sie könnten z. B. eine Liste mit typischen Denkmustern zusammenstellen und zusammen mit Ihrem Kind daraus Positiv-Gedanken formen, z. B. jeden Tag nach dem Abendessen einen Gedanken. Das Einüben von Entspannungstechniken wird Ihrem Kind leichterfallen, wenn Sie es anfänglich dabei anleiten oder sogar mitmachen. Am Abend vor der Prüfung könnten Sie mit Ihrem Kind noch einmal den Notfallplan durchgehen: Was machst du, wenn …

Eigene Denkgewohnheiten hinterfragen

Eltern, die mich wegen der Prüfungsangst ihres Kindes aufsuchen, sind meistens so weit aufgeklärt, dass sie ihre eigene Rolle bereits reflektiert haben. Sie betonen, dass es ihnen überhaupt nicht auf gute Noten ankäme, dass sie bei schlechten Zensuren weder schimpfen noch streng reagieren, sondern Trost spenden würden. Ich habe überhaupt keinen Grund, dies zu bezweifeln – zumal sich leistungsversessene Schinder wohl kaum freiwillig einem »Psychoheini« anvertrauen würden. Trotzdem geht die Selbstreflexion bei vielen Eltern nicht weit genug. Wie sieht es mit der eigenen Einstellung zu »Leistung« aus? Wie wichtig sind einem Karriere und ein gutes Einkommen? Wie stark ist das eigene Selbstwertgefühl an Erfolge und einen gewissen Status geknüpft? Wer sich solchen Fragen mutig stellt und die eigene Einstellung hinterfragt, könnte am Ende sogar einiges dazu beigetragen haben, dass die Prüfungsangst beim Kind abnimmt.

Oft drücken sich in den Misserfolgserwartungen, Selbstabwertungen und Vorurteilen der Schüler nämlich auch die Denkgewohnheiten der Eltern aus. Je leistungsorientierter das Elternhaus ist, desto eher lassen sich Schüler durch schlechte Leistungen verunsichern. Der Zusammenhang besteht selbst dann, wenn Eltern keinen bewussten Druck ausüben. Oft haben sich Schüler die ursprünglichen Erwartungen der Eltern längst zu eigen gemacht und nehmen daher den elterlichen Leistungsdruck gar nicht mehr bewusst wahr. Der Gedanke »Wenn ich eine Fünf schreibe, bin ich eine Niete« hat seinen Ursprung möglicherweise in der Erfahrung »Wenn ich eine Fünf schreibe, sind meine Eltern von mir sehr enttäuscht«.

Vor diesem Hintergrund rate ich Ihnen, das Training »Gedanken verändern« auch einmal selbst zu durchlaufen. Welche Positiv-Gedanken fallen Ihnen zu folgenden Statements ein?

- Ohne meinen (elterlichen) Druck wird das mit dem Lernen nie funktionieren (Misserfolgserwartung).
- Da mein Kind das Klassenziel nicht erreichen wird, habe ich versagt (Selbstabwertung).

- Ohne Abitur wird mein Kind später keine Chance haben (Vorurteil).

Stärken des Kindes betonen

Wenn ein Kind selbstabwertende Denkmuster hat, rührt dies auch daher, dass es sich angesichts der schulischen Misere nur noch als schlechten Schüler wahrnimmt und alle anderen Seiten seiner Persönlichkeit ausgeblendet hat. Auch Eltern neigen in Zeiten schlechter Noten oft zu einer Wahrnehmungsverengung in Richtung »Leistung«, die dem Kind und seinem Selbstwert schadet. Zwar haben schulische Leistungen keine geringe Bedeutung, aber schließlich verfügt jedes Kind auch noch über andere Interessen und Fähigkeiten, die mit Schule weniger zu tun haben. Ob es sich dabei um sportliche oder musikalische Aktivitäten handelt, soziales Engagement in der Familie oder im Verein, gute Manieren, Kreativität – in jedem Fall tut es einem schulisch angeschlagenen Kind gut, für diese oder andere Stärken gelobt zu werden. Ein gestärktes Selbstwertgefühl wiederum hilft dem Schüler, der Prüfung entspannter entgegenzusehen.

Konflikte mit Mitschülern (Mobbing usw.)

In der Überschrift steht »Mobbing« ganz bewusst einge-klammert, denn die meisten Konflikte und Streitigkeiten unter Schülern sind viel zu normal und harmlos, um mit diesem Etikett belegt zu werden. Leider wird der Begriff »Mobbing« heutzutage inflationär verwendet, sodass viele Lehrer ihn schon gar nicht mehr hören können. Die Ab-wehrhaltung mancher Kollegen ist so einerseits nachvoll-ziehbar, andererseits aber auch fahrlässig, wenn sie dazu führt, wirklich kritische Fälle nicht zu erkennen und den betroffenen Schülern die Unterstützung zu versagen.

Im folgenden Beispiel skizziere ich einen typischen Mobbingfall und verwende dabei die klassischen Begriffe »Opfer« und »Täter«. Wer bereits mit dem »No-Blame-Approach« vertraut ist, soll sich davon bitte nicht irritie-ren lassen. Ich halte mich an die herkömmliche Ausdrucks-weise, um Lesern mit weniger Erfahrung den Einstieg in die Thematik zu erleichtern. Vom »No-Blame-Approach« wird später noch die Rede sein.

Seit Anfang der Woche weigert sich Alexander, in die Schule zu gehen. Seine Eltern sind hilflos, bislang war ihr Sohn ein guter Schüler, der auch in der Klasse nie Probleme hatte. Es begann damit, dass kurz vor Weihnachten die Freundschaft zu Benedikt abkühlte, mit dem Alexander früher auch in der Freizeit viel unternommen hatte. Seiner Ansicht nach hat sich Benedikt ziemlich verändert, was wohl auch mit neuen Freunden zusammenhängt, mit denen er seit Schuljahresbeginn verkehrt. Alexander hatte nicht mehr so viel Lust, sich mit Benedikt zu treffen – und dieser ließ den ehemals besten Freund bald spüren, dass er sich von ihm zurückgesetzt fühlte. Anfänglich waren es nur ab und zu dumme Bemerkungen, die er über ihn machte und die eher spaßhaft als ernst gemeint wirkten. Alexander ignorierte sie, doch das schien Benedikt noch wütender zu machen. Seitdem ist kein Tag vergangen, an dem sein früherer Freund ihn nicht mit gemeinen Sprüchen provoziert – inzwischen unterstützt durch drei Mitschüler. Da Alexander zu den leistungsstärksten Schülern der Klasse gehört, hatte Benedikt keine große Mühe, die Neider auf seine Seite zu ziehen. Vier gegen einen. Die meisten anderen Mitschüler haben an sich kein Problem mit Alexander. Sie beobachten, wie er täglich gemobbt wird, unternehmen aber nichts. Einige betrachten die Provokationen gegen ihn als logische Konsequenz aus Alexanders arrogantem Auftreten, weshalb sich ihr Mitleid in Grenzen hält. Anderen tut er zwar leid, aber sie wollen sich keinen Ärger einhandeln und halten sich deswegen heraus.

Der geschilderte Fall ist konstruiert, allerdings könnte er als Blaupause für viele Mobbingfälle dienen, mit denen ich seit 15 Jahren zu tun habe. Einen Unterschied zu früher sehe ich nur in einem Punkt: Immer häufiger finden die Auseinandersetzungen auch im Internet statt, ja, manche beschränken sich ganz auf den Bereich »Social Media«, was für die Betroffenen nicht weniger schlimm ist. Immer geht es

- um wiederholte verbale Sticheleien, manchmal auch Tätlichkeiten, über einen längeren Zeitraum hinweg, und immer liegt dabei ein
- Kräfteungleichgewicht vor, d. h., der Gemobbte steht einer Gruppe von Drangsalierern gegenüber, oder er ist dem einzelnen Mobber physisch und/oder mental nicht gewachsen.

Damit sind die wichtigen Definitionsmerkmale für Mobbing genannt, wie sie in jedem Lehrbuch nachgelesen werden können. Was mir in der Gesamtschau der Fälle, mit denen ich zu tun hatte, allerdings noch auffällt: Fast nie entsprachen die Betroffenen dem Klischee des »Opfers«, d. h., auf den ersten Blick waren keine typischen Merkmale erkennbar, die das Kind oder den Jugendlichen dafür prädestinierten, von anderen gehänselt zu werden. Das ist insofern bemerkenswert, als die meisten Erwachsenen spontan genau so ein Bild abrufen würden, wenn sie an die Gefoppten ihrer eigenen Schulzeit zurückdenken: klein, schwächlich, mit Brille, nicht besonders helle … Ich möchte meine gegenteilige Beobachtung nicht verallgemeinern, zumal sie sich auf eine Schulart und auf die wenigen Schulen, an denen ich bislang arbeitete, beschränkt. Festhalten möchte ich aber, dass Mobbing nicht auf einen bestimmten Typ von Schüler festgelegt ist. Es trifft auch die Schönen, Starken, Intelligenten und Tollen – und manchmal gerade diese.

Ist der Betroffene selbst daran schuld?

Wenn es um Mobbing gegen eine Schülerin oder einen Schüler geht, heißt es oft: Ist sie/er nicht selbst daran schuld? Diese Frage drängt sich dann auf, wenn z. B. eine ellbogenstarke Schülerin, unter der schon viele Mitschüler leiden mussten, von heute auf morgen ihre Gefolgschaft verliert und sich unversehens auf der anderen Seite des Täter-Opfer-Spektrums wiederfindet. Von »selbst schuld« könnte auch dann die Rede sein, wenn ein Schüler mit kaum zu ertragender Penetranz und allen Signalen der Ablehnung zum Trotz versucht, in die Clique der Coolen aufgenommen zu werden – und dabei von den Angehörigen dieser Clique nach Strich und Faden »verarscht« wird. Die Frage nach der Eigenschuld stellt sich in solchen und ähnlichen Fällen sowohl Lehrern wie auch anderen Beobachtern – und dennoch halte ich sie für grundverkehrt. »Selbst schuld« dient nämlich vielen Verantwortlichen als bequeme Ausrede, nichts für den Betroffenen zu unternehmen: »Das hat er sich selbst eingebrockt – das soll er jetzt auch auslöffeln!« Oder: »Sie muss ja nur aufhören, die anderen zu nerven, dann hört das auch wieder auf.«

Sosehr ich es ablehne, Mobbing wegen der Mitschuld des Opfers kleinzureden, so wichtig ist es mir, bestimmte Verhaltensweisen des Gemobbten ebenso kritisch unter die Lupe zu nehmen und rückzumelden – nicht um dem vom Mobbing Betroffenen ein schlechtes Gewissen einzureden, sondern um ihm mögliche Zusammenhänge zwischen seinem eigenen Handeln und der Aggression der Gruppe gegen ihn verständlich zu machen: »Mal angenommen, die finden dein Verhalten aufdringlich – was könntest du unternehmen, damit sie dazu keinen Grund mehr haben?« Wer solche Zusammenhänge erkennt, sieht sich nicht mehr nur als machtloses Opfer, sondern entdeckt einen Teil des Schlüssels zur Problemlösung bei sich selbst.

Hier noch ein paar typische Verhaltensweisen, die Mobbing begünstigen können und über die es sich aus Opfersicht nachzudenken lohnt: ständiges lautstarkes Melden und/oder Beliebtmachen bei den Lehrern, üble Nachrede und Intrigieren gegen Mitschüler, Arroganz, Hyperaktivität, die Angewohnheit, schon bei Kleinigkeiten in die Luft zu gehen. Unterhält man sich im Rahmen einer Mobbingintervention mit eher neutralen Mitschülern der Klasse, nennen diese oft genau solche Gründe auf die Frage, warum Schüler X von anderen so drangsaliert wird. Wie gesagt – diese Hinweise liefern, wenn überhaupt, nur einen Teil des

Schlüssels. Der andere Teil betrifft die Täter und ihr aggressives Verhalten. Doch dazu später.

Schauen Lehrer weg?

Bevor ich auf bewährte Lösungsansätze zu sprechen komme, will ich noch eine andere Frage klären, die sich bei Mobbing aufdrängt: Hätten Lehrer es nicht (früher) erkennen müssen? Wenn sich Betroffene – oft nach langem Zögern – überwinden und mit ihrem Problem an die Schule herantreten, schwingt oft ein gewisser Vorwurf in diese Richtung mit. Die Eltern können sich kaum vorstellen, dass die geschilderten verbalen und vielleicht auch körperlichen Übergriffe so heimlich geschahen, dass sie keinem einzigen Mitglied des pädagogischen Personals auffielen. In manchen Fällen mögen sie damit recht haben. Natürlich gibt es KollegInnen, die ihre Ruhe haben wollen und die Augen verschließen, andere besitzen einfach nicht die nötige Sensibilität oder haben selbst genug zu kämpfen, um sich in der Klasse durchzusetzen. Allerdings wird auch der kompetenteste, engagierteste und sozial intelligenteste Lehrer keinen blassen Schimmer von den Vorgängen haben, wenn die beteiligten Schüler sich »lautlos« verhalten. Allein die Zeit zwischen den Stunden, wenn kein Lehrer im Klassenraum ist, reicht aus, um einen Mitschüler zu terrorisieren, ganz zu schweigen von der Pause, dem Nachhauseweg und dem Internet. Ich könnte mir vorstellen, dass Mobbing am Gymnasium oft eine ganz eigene Note hat, charakterisiert durch eher verbale Angriffe und das Geschick vieler Akteure, nicht zu offensichtlich vorzugehen.

Ich rate Eltern daher, sich ohne Vorwurf an die Schule zu wenden. Sprechen Sie den Lehrern der Klasse ihre Kompetenz nicht ab, nur weil es bisher niemandem aufgefallen ist.

Was man tun kann und was man besser lässt

Was ist Eltern von Schülern zu raten, die sich Mobbing ausgesetzt sehen? Zunächst einmal dürfen Sie zuversichtlich sein: Es gibt sehr gute, vielfach erprobte Methoden, mit denen selbst die hartnäckigsten Fälle zu lösen sind. Die Schule kann etwas für Ihr leidendes Kind tun! Das wiederum soll nicht heißen, dass Sie sich immer und sofort an einen Mitarbeiter der Schule wenden müssen. Es gibt Situationen, in denen es sinnvoll ist, erst einmal kleinere Schritte zu gehen – gut, wenn dabei immer noch ein Plan B in Reserve bleibt. Lassen Sie mich also zunächst einige Do-it-yourself-Strategien beleuchten, bevor ich auf die üblichen Interventionen bei Mobbing zu sprechen komme.

Zu Beginn dieses Kapitels erwähnte ich bereits, dass der Begriff »Mobbing« heutzutage überstrapaziert wird. »Meine

Tochter wird von einer Mitschülerin gemobbt« ist so ein typischer Satz, der die Vermutung aufkommen lässt, dass es sich in Wirklichkeit um einen vergleichsweise harmlosen Streit zwischen zwei Mädchen handelt. Zur Erinnerung: »Mobbing« setzt voraus, dass der Leidende unterlegen ist und sich aus eigener Kraft nicht mehr wehren kann. Wenn ich aber nur von einer Person geärgert werde und diese (mental und/oder physisch) nicht stärker ist als ich, stehen die Chancen doch ganz gut, mit dieser Situation auch ohne Unterstützung von Lehrern oder Psychologen klarzukommen. Ich verlange nicht, dass Kinder damit allein fertigwerden *müssen*, aber mir ist es wichtig, hier erst einmal die naheliegenden Möglichkeiten auszuloten. Die beiden folgenden Fragen könnten helfen:

1. Hast du der Mitschülerin deutlich zu verstehen gegeben, dass du das nicht magst/dass sie damit aufhören soll? Klingt so selbstverständlich, aber ich erinnere mich z. B. an einen Achtklässler, der immer nur cool grinste, wenn er von anderen mit blöden Sprüchen aufgezogen wurde. Kein einziges Mal gab er denen, die ihn ärgerten, ein eindeutiges Signal: Stopp! Ich mag das nicht! Dabei war er höchst verzweifelt. Übrigens auch ein hübsches Beispiel dafür, dass eine an sich gute Strategie, falsch angewandt, nachteilig wirkt. Gut ist diese Strategie, sich seine Betroffenheit nicht anmerken zu lassen, nämlich nur anfänglich. Sie kann verhindern, dass man durch zu sensibles Verhalten auf sich aufmerksam macht und bei anderen die Lust weckt, weitere heftige

Reaktionen zu provozieren. Setzt man diese Strategie trotz anhaltender Provokationen fort, riskiert man allerdings, von den einen missverstanden zu werden (er/sie sieht es als Spaß an, also ist es doch nicht so schlimm), von den anderen als schwach und damit als ideales Opfer betrachtet zu werden. Wenn ich also im Gespräch mit einem gepiesackten Schüler herausfinde, dass von ihm bislang noch keine einzige Gegenwehr erfolgte, dann versuche ich, ihn zu diesem Schritt zu ermutigen. Das Mädchen aus unserem Beispiel würde ich fragen: »Traust du dir zu, deine Mitschülerin einmal von dir aus anzusprechen und ihr höflich, aber klar zu sagen, dass du von ihr nicht länger aufgezogen werden möchtest? Und welche Situation wäre denn dafür am besten geeignet?«

2. Hast du deiner Aufforderung Nachdruck verliehen? Diese Frage stellt sich dann, wenn die Nervensäge ihre Hänseleien fortsetzt, obwohl sie genau weiß, dass sie unerwünscht sind. Was hat der Betroffene für Möglichkeiten? Ich bin für Klartext: »Wenn du damit nicht aufhörst, wende ich mich an Herrn …/Frau …!« Die meisten Betroffenen schrecken vor diesem Schritt zurück. Sie wollen nicht als Petze dastehen und befürchten, sich dadurch auch bei anderen Schülern unbeliebt zu machen. Ich will diese Gefahr nicht abstreiten, allerdings wird sie meiner Meinung nach von den Gehänselten überschätzt. Unterschätzt wird dagegen die Wirkung einer ernst gemeinten Wenn-dann-Ansage auf die Nerven-

säge. Abgesehen davon hat es ja auch nichts mit Petzen zu tun, wenn man sich gegen penetrante Sticheleien zur Wehr setzt. Und es ist nur fair, den anderen zu warnen, bevor man härtere Geschütze auffährt.

Eine natürliche Reaktion von Mama und Papa ist es, sich mit den Eltern des Fieslings in Verbindung zu setzen und sie um Unterstützung zu bitten. Ich will nicht ausschließen, dass solche Gespräche im Einzelfall die erwünschte Wirkung erzielen. Meiner Erfahrung nach bringen sie aber meistens nicht viel, zuweilen verschärfen sie die Situation eher noch, weil auch die Eltern der verfeindeten Kinder miteinander in Streit geraten. Wenn Sie sich von solch einem Gespräch dennoch etwas versprechen – weil die Eltern des Fieslings auf Sie aufgeschlossen wirken oder Sie mit ihnen befreundet sind –, beachten Sie bitte Folgendes:

1. Sie kennen nur die Sicht Ihres Kindes. Selbst wenn diese von einigen seiner Freunde bestätigt wird, wissen Sie nicht, wie der vermeintliche Fiesling die Situation auffasst und was für ein Bild sich seine Eltern von der Situation gemacht haben.

2. Beschuldigungen sollten daher tabu sein. Sagen Sie nicht: »Deine Tochter ärgert meine«, sagen Sie nicht einmal: »Meine Tochter behauptet, von deiner geärgert zu werden«! Besser so: »Soviel ich mitbekommen habe, streiten sich unsere Töchter häufiger. Ich kann nicht sagen, wer wen mehr ärgert – ich bin ja nicht dabei. Ich möchte nur, dass du Bescheid weißt. Vielleicht hilft es, wenn

du auch mal mit deiner Tochter redest? Es wäre besser, die beiden würden sich eine Zeit lang aus dem Weg gehen – oder was meinst du? Da Klara sehr darunter leidet, werde ich auch die Schule um Unterstützung bitten, wenn es nicht besser wird.«

3. Überschätzen Sie nicht den Einfluss der angesprochenen Eltern. Selbst wenn diese, was eher unwahrscheinlich ist, das eigene Kind zur Rede stellen und ihm Anweisung geben, Ihr Kind in Ruhe zu lassen – wer kann garantieren, dass keine Provokationen mehr stattfinden? Die Gruppe hat ihre eigenen Gesetze, und was auch immer zu Hause mit den Eltern besprochen wurde, hat im Klassenzimmer, in der Gegenwart von 30 Gleichaltrigen, schnell keine Bedeutung mehr.

An den meisten Gymnasien gibt es ein Team von Streitschlichtern (Mediatoren). Es handelt sich um Schüler, die darin ausgebildet wurden, bei Konflikten zwischen zwei Kindern zu vermitteln. Sie stellen einen vernünftigen Gesprächsrahmen zwischen den Streitenden her und wirken mit erlernten Techniken darauf ein, dass auch die Gefühle der Beteiligten zur Sprache kommen: Was verletzt mich an deinem Verhalten? Am Ende werden Vereinbarungen verhandelt und von den Mediatoren schriftlich festgehalten. Ich mag nicht für alle Streitschlichter meine Hand ins Feuer legen, denn natürlich sind ihre Fähigkeiten unterschiedlich entwickelt. Aber wenn beide, Ihr Kind *und* sein Piesacker, unter der Situation leiden, wäre eine Mediation ein erfolgversprechender Weg. Das Problem wird vermutlich sein, dass der Widersacher nicht das geringste Interesse daran hat.

Nachdem sich die Streitigkeiten bzw. das Mobbing oft innerhalb einer Klasse abspielen, ist es naheliegend, den Klassenleiter um Unterstützung zu bitten. Manche Kinder scheuen diesen Schritt aus Angst vor Racheakten. Das Gespräch mit dem Lehrer, so fürchten sie, könnte von den am Streit oder Mobbing Beteiligten als Anschwärzen aufgefasst werden. Von dieser Furcht sollten sich aber weder das leidende Kind noch seine Eltern bremsen lassen. Oft gehen diese von der falschen Vorstellung aus, der eingeweihte Lehrer würde dann über ihre Köpfe hinweg handeln, Gespräche mit den Mobbern führen oder, ohne dass der Betroffene das möchte, sogar die gesamte Klasse mit dem Thema konfrontieren. Zugegeben – vereinzelt habe ich so etwas an Schulen erlebt, aber dann lag es vor allem an fehlenden Absprachen. Wenn Sie mit dem Lehrer Ihres Vertrauens über die Sorgen Ihres Kindes sprechen und anschließend noch einmal sehr deutlich machen, dass vorläufig weder Mitschüler noch Kollegen etwas erfahren sollen, dann wird Ihr Wunsch mit sehr hoher Wahrscheinlichkeit berücksichtigt werden. Falls Sie sich an einen Schulpsychologen wenden, kann ich Ihnen die Vertraulichkeit Ihres Anliegens fast schon garantieren, denn der Schulpsychologe ist in der Regel, ähnlich wie ein Arzt, zur Verschwiegenheit verpflichtet – auch seinem Chef gegenüber.

Wie kann ein Lehrer, den Sie über das Mobbing informiert haben, Ihr Kind unterstützen?

- Er wird ihm vermehrt Aufmerksamkeit schenken und die Situation in der Klasse genauer als sonst beobachten. Er wird hellhöriger für Sprüche wie »Hey, du Spast, geh mal aus dem Weg«, bei denen man sonst nie so genau weiß, wie sie gemeint sind und wie sie ankommen. Mit dem nötigen Wissen wird er solche Sprüche mit größerem Nachdruck unterbinden.

- Im besten Fall wird er die Anführer auf frischer Tat ertappen und sie sich vorknöpfen können, ohne auf die Frage »Wer hat uns angeschwärzt« in Erklärungsnot zu geraten.

- Die beiden oben genannten Effekte sind noch wahrscheinlicher, wenn Sie darum bitten, weitere Fachlehrer der Klasse zu informieren. Andererseits erhöht sich damit das Risiko, dass einer der aus zweiter Hand Informierten Schritte unternimmt, die Ihnen nicht recht sind.

- Wenn Sie nichts dagegen haben, kann der Lehrer Gespräche mit den Schülern führen, die Ihrem Kind zusetzen. Dabei müssen nicht gleich Drohungen ausgesprochen werden. Für viele Kinder und Jugendliche, die sich bislang unbeobachtet fühlten, ist es peinlich genug, von Lehrerseite aus auf ihr fieses Treiben angesprochen zu werden. Vor allem leistungsstarke und hoch angepasste Schüler (ja, auch solche können richtig gemein sein) benötigen oft nur einen kleinen Warnschuss, um ihre unsozialen Aktivitäten auf Anhieb einzustellen – zu viel steht für sie auf dem Spiel.

- Bei nicht eintretender Besserung wird der Lehrer, eventuell auch die Schulleitung, dem Appell an die Täter durch Androhung von Konsequenzen bis hin zur Entlassung von der Schule Nachdruck verleihen. Ich habe derartige Gespräche häufiger geführt und nie erlebt, dass die Verwarnten daraufhin weitergemacht hätten.

- Bei schwerem Vergehen kann natürlich auch sofort, ohne weitere Warnung, eine Ordnungsmaßnahme erfolgen. Mir ist etwa ein Fall bekannt, bei dem ein Sechstklässler vor den Disziplinarausschuss geladen wurde, nachdem herauskam, dass er einen Mitschüler mittels bearbeiteter Bilder und vorgetäuschter Dialoge im Internet der Lächerlichkeit preisgegeben hatte.

Der No-Blame-Approach

Ordnungsmaßnahmen wie Verweis, Unterrichtsausschluss, Androhung der Entlassung und die Entlassung selbst sind zwar sehr wirkungsvoll, wenn es darum geht, aktives Mobbing einzudämmen. Doch birgt diese Methode auch Nachteile:

- Nicht immer ist klar, wer Opfer und wer Täter ist. In vielen Fällen haben Schüler sich nicht gerade musterhaft benommen, selbst wenn sie ab einem bestimmten Zeitpunkt unter massiven Beschuss geraten und kaum mehr etwas entgegensetzen können. Oder sie befeuern das Mobbing gegen sie durch hilflose Abwehrreaktionen, die ihrerseits als aggressiv oder provozierend einzustufen sind.

- Die Eltern der Täter sind oft nicht bereit, dieses Etikett für Ihr Kind zu akzeptieren. Dies ist dann verständlich, wenn die Sachlage längst nicht so klar ist, wie sie von Lehrerseite dargestellt wird. Oft passiert es aber eher aus Unwissenheit – Eltern erfahren oder glauben meist nur das, was das eigene Kind erzählt. Oder es geschieht aus Selbstschutz, denn schließlich möchte man kein asoziales Kind haben und sich auch nicht vorwerfen lassen, in der Erziehung versagt zu haben. Und manchmal steckt hinter dem Einspruch einfach nur die egoistische Absicht, nachteilige Konsequenzen für das eigene Kind zu vermeiden. Welche Motive auch immer vorliegen – die pädagogische Arbeit an der Lösung des Problems kann durch protestierende oder klagende Eltern sehr erschwert werden. Mir hat mal ein eingeschalteter Anwalt vorgeworfen, Grundrechte seines Mandanten zu verletzen (durch »Bespitzelung«), weil ich eine ausgewählte Gruppe von Mitschülern darum gebeten hatte, das Geschehen in der Klasse, insbesondere die Reibereien zwischen Opfer und angeblicher Tätergruppe, genau zu beobachten und mich über Auffälligkeiten zu informieren.

- Selbst wenn das aktive Mobbing – also die verbalen oder tätlichen Übergriffe – eingestellt wird: Den betroffenen

Schülern geht es danach oft nicht viel besser, denn ein Grundproblem, ihr Ausgeschlossensein, ist damit nicht gelöst.

- Ordnungsmaßnahmen sind zwar gut geeignet, die Täter zum Aufhören zu bewegen, allerdings nimmt man ihnen damit die Chance, an ihrem Verhalten konstruktiv zu arbeiten und zu lernen, ihr Bedürfnis nach Macht und Stärke in bessere Bahnen zu lenken.

Vor diesem Hintergrund ziehen viele Schulpsychologen, auch ich, den Ansatz des sogenannten »No-Blame-Approach« vor. Die Idee: Verzichte auf eine Opfer-Täter-Einteilung. Baue, statt sogenannte Täter zu verwarnen oder zu bestrafen, Unterstützergruppen für das leidende Kind auf. Diese lassen sich nicht nur aus dem Kreis der freundlich gesonnenen oder zumindest neutralen Mitschüler gewinnen. Was dem Laien paradox erscheint, funktioniert verblüffend gut: Auch aus dem Kreis der, sagen wir mal, nicht so netten Schüler lassen sich hilfreiche Unterstützer gewinnen. Die rekrutierten Mitschüler verstehen sich dabei auch als Unterstützung für mich, d. h., sie leisten das, was ich als Schulpsychologe in der Klasse selbst nicht leisten kann: sich um den angeschlagenen Mitschüler kümmern, ihn gegen Angriffe schützen, ihn in Pausenaktivitäten integrieren ... Die so in die Pflicht genommenen Schüler haben meist sehr gute Ideen, wie geholfen werden kann – und wenn es nur der kleinlaut vorgetragene Vorschlag ist, dem leidenden Mitschüler in Zukunft besser aus dem Weg zu gehen.

Wenn Ihnen dieser Ansatz sympathisch ist und sich Ihr Kind eine solche Hilfestellung vorstellen kann, sollten Sie nicht zögern, direkt oder über den Klassenleiter mit dem zuständigen Schulpsychologen Kontakt aufzunehmen. Er wird Ihnen seinen Ansatz genauer erläutern und bestimmt nichts unternehmen, was Sie oder Ihr Kind nicht wollen.

Konflikte mit Lehrkräften

Im Kapitel »Motivation« ging es schon um Unzufriedenheit mit dem pädagogischen Personal. Der Fokus lag dort auf dem Unterrichtsstil einzelner Lehrer und seinen Auswirkungen auf die Motivation ihrer Schüler. In diesem Kapitel möchte ich dagegen die zwischenmenschlichen Konflikte in den Vordergrund stellen.

Die frostige Begrüßung durch Frau und Herrn Börner lässt mich ahnen, dass es ein schwieriges Gespräch werden wird. Als sie sich vor ein paar Tagen zur Sprechstunde anmeldeten, nannten sie kein konkretes Anliegen. Würden Sie mich als schulpsychologischen Berater aufsuchen oder als Mathelehrer ihres Sohnes Marius, 5. Klasse, der bislang als eher zurückhaltender, aufmerksamer Schüler mit mittelmäßigen Leistungen in Erscheinung getreten ist? Als sie nun in meinem Beratungszimmer mit ernster Miene Platz nehmen, einen kurzen verschwörerischen Blick austauschen, ahne ich: Es geht um Mathe! Der Vater greift in seine Aktentasche und holt eine Art Schmierblatt heraus. Kommentarlos legt er es zwischen uns auf den runden Tisch. Im Zentrum erkenne ich ein nicht ohne Talent gezeichnetes dreidimensionales Messer, das in dem Blatt zu stecken scheint. Genauer gesagt, steckt es in einem groß gezeichneten »A«, das zusammen mit den nachfolgenden Buchstaben meinen Nachnamen darstellt. Die Eltern erklären, sie seien ziemlich schockiert gewesen, als sie das Blatt im Matheheft ihres Sohnes fanden. Er muss es während der Hausaufgaben angefertigt haben. Bedauerlicherweise scheinen sie es mir übel zu nehmen, dass er sich nicht anders zu helfen wusste, als mich im Tagtraum zu erdolchen. Dabei habe ich keinen blassen Schimmer, was Marius gegen mich haben könnte. Im Unterricht verhält er sich freundlich, ich bin es von Natur aus auch und hatte nie Anlass, ihn streng zu behandeln.

Diese Begebenheit aus meiner Anfangszeit als Lehrer soll andeuten, wie weit das Spektrum möglicher Konflikte zwischen Schülern und Lehrern reicht. Da gibt es nicht nur die offensichtlichen, expliziten, sondern oft auch die verdeckten, manchmal ganz und gar unerkannten Probleme. Was Marius betraf, erläuterten mir seine Eltern die Gründe seines Hasses: sein Leistungsabfall in Mathe gegenüber der Grundschule (von 2 auf 4) sowie die Tatsache, dass er an vielen Hausaufgaben scheitere. Seine Eltern warfen mir vor, mich zu wenig zu engagieren, um die Situation ihres Sohnes zu verbessern. Sie hatten mir sogar eine Broschüre mit dem Titel »Tipps für den Unterricht« mitgebracht.

Am Ende gelang es uns gemeinsam, diesen Konflikt zu lösen.

Ein paar Monate später unterhielt ich mich mit der Mutter schon ganz freundlich auf einer Gartenparty über andere Themen. Aber es hätte alles ein wenig leichter sein

können, wenn nicht von Anfang an diese gewaltige Unterstellung »unfähiger Lehrer« im Raum gestanden hätte.

Sachlichkeit am Esstisch

Wenn sich Sohn oder Tochter bitterböse über das Verhalten des Lehrers beschweren, täten Eltern gut daran, erst
einmal nach naheliegenden Motiven zu suchen. Die Behauptung »Sie schimpft immer nur mich aus und nie die
anderen« würde ich als Vater so deuten: »Du hast in der
Vergangenheit häufiger den Unterricht gestört, deine Lehrerin hat sich daher logischerweise angewöhnt, dich im
Auge zu behalten. Sie schaut häufiger in deine Richtung
und erwischt dich schneller als die anderen. Das muss
gar nicht heißen, dass sie dich nicht mag. Reiß dich eine
Woche lang besonders zusammen, dann lässt diese Gewohnheit bei ihr nach!«

Die Aussage »Nimmt mich nie dran« ist oftmals ein
Fehlschluss von Schülern, die nicht wahrnehmen, dass
sich außer ihnen noch über zehn andere Kinder gemel-
det haben. Dreimal hintereinander nicht an der Reihe zu
sein ist vor diesem Hintergrund nicht ungerecht, sondern
statistisch naheliegend. Bei Kindern, die sich eher selten
melden, kommt noch ein weiterer Denkfehler hinzu: »Wenn
ich mich schon einmal überwinde, muss der Lehrer mich
doch sofort drannehmen!« Nur: Wäre das gerecht den anderen gegenüber?

Es geht hier nicht darum, Partei für die Lehrkraft zu ergreifen oder die Sichtweise des Kindes abzulehnen – Lehrer machen schließlich auch Fehler und können zuweilen richtig fies sein. Vielmehr sollte das demotivierende Erlebnis weniger dramatisch interpretiert werden: Schau her, so könnte man es auch sehen, und dann ist es doch eigentlich gar nicht so schlimm.

Nun gibt es leider Eltern, die weniger flexibel agieren. Statt die Abneigung des Kindes gegen die Lehrkraft zu hinterfragen und es zu einem gelassenen Umgang damit anzuregen, wird die Verteufelung zur Chefsache erklärt. Vordergründig mag es für das Kind erleichternd sein, seine Eltern voll und ganz auf seiner Seite zu wissen und mit ihnen am Esstisch ausgiebig über den unmöglichen Lehrer lästern zu können. Aber wie sieht es im Unterricht aus? Da sitzt es dem erklärten Feind der Familie gegenüber und fühlt sich unwohl – sei es aus Angst, Wut oder schlechtem Gewissen.

Vielleicht haben Sie den Film »Frau Müller muss weg« mit Anke Engelke gesehen. Blendet man den oberflächlichen Klamauk aus, erscheinen mir viele Szenen sehr real. Ich habe mehrmals erlebt, dass einzelne Eltern oder Gruppen von Eltern sich leidenschaftlich auf eine unliebsame Lehrkraft eingeschossen und ein Zerrbild von ihr gezeichnet haben, das alle vorhandenen positiven Eigenschaften ausblendete. Mir liegen dabei weniger die betroffenen Pädagogen am Herzen, die mit unbegründeten oder maßlos aufgebauschten Vorwürfen durchaus fertigwerden. Leid tun mir dabei vor allem die Kinder, die zwischen die Fronten geraten.

Hat Ihr Kind oder haben Sie an einem Lehrer etwas auszusetzen? Falls ja, wäre es für das weitere Vorgehen hilfreich, auch einmal nach positiven Eigenschaften dieser Lehrkraft zu suchen. Gespräche mit anderen Eltern und Schülern können helfen – sofern Sie sich nicht genau die Chefkritiker herauspicken.

Ein passendes Beispiel aus meinem Bekanntenkreis: In einer Grundschulklasse häuften sich Vorwürfe gegen die junge Klassenlehrerin, und die Gruppe ihrer Kritiker war kaum zu überhören. Verfolgte man die über den Klassenverteiler verschickten E-Mails, konnte man die Frau für eine pädagogische Totalversagerin halten. Dann passierte etwas Unerwartetes: Ein bislang zurückhaltendes Elternpaar brach eine Lanze für die Gescholtene und hob positive Eigenschaften hervor, die bislang kaum zur Sprache gekommen waren. Und siehe da, nach und nach traten weitere Eltern aus dem Hintergrund hervor und pflichteten dem Paar bei, dass die Pädagogin doch eigentlich ganz okay sei. Wie ging es den Kritikern damit? Sie mussten sich mit der Frage auseinandersetzen, warum andere Eltern zu einem ganz anderen Urteil kamen (Perspektivenwechsel). Einigen mochte die Antwort leichtgefallen sein: »Anspruchslose Hornochsen, Schleimer oder was auch immer …« Doch es gab auch solche, denen die gegenteilige Sichtweise half, die aufgestaute Enttäuschung über die Lehrerin abzubauen. Ihre Kinder dürften davon profitiert haben. Die Kritikpunkte waren damit zwar nicht aus der Welt, konnten jetzt aber sachlicher und weniger hysterisch diskutiert werden.

Der passende Rahmen für das Konfliktgespräch

Grundsätzlich ist zu unterscheiden, ob mehrere Kinder in der Klasse betroffen sind oder ob nur Sie/Ihr Kind einen Konflikt mit der Lehrkraft haben/hat. Wenn es nur um Ihr Kind geht, beantragen Sie bei der Lehrkraft schriftlich (per E-Mail, über das Sekretariat) oder telefonisch einen Gesprächstermin mit der Bitte, dafür mindestens 30 Minuten einzuplanen. Klingt selbstverständlich, aber in der Praxis beobachte ich oft das Gegenteil, etwa bei Eltern, die im Rahmen eines Elternsprechtages die für sie vorgesehenen fünf Minuten mit Konfliktthemen belasten. Draußen warten noch zehn andere Eltern, dem Lehrer bleibt also gar nichts anderes übrig, als das Gespräch mit den ersten Eltern abzuwürgen und sie damit noch wütender zu machen.

Wenn mehrere Kinder in der Klasse betroffen sind, ist ein Gespräch zwischen Klassenelternsprecher (der die Anliegen der Elternschaft vertritt) und Lehrkraft der beste Weg, um zu einer konstruktiven Lösung zu kommen. Dabei sollte es transparent sein, wie viele Eltern das vom Sprecher vorgetragene Anliegen haben.

Nun neigen manche Klassenelternsprecher dazu, bei Konflikten in der Klasse eine Klassenversammlung mit allen

Eltern und Lehrern zu initiieren. Ich kann Sie da aus Erfahrung nur warnen: Es ist z. B. schnell passiert, dass sich die Lehrkraft in die Ecke gedrängt fühlt und für den Rest des Abends eine Verteidigungshaltung einnimmt. Solange derart große Konfliktrunden nicht professionell moderiert werden, kommt meist nichts als Feindschaft, Ärger und Verdruss heraus! Der kleine Rahmen »Elternsprecher – Lehrer« schont die Nerven aller Beteiligten und bringt bessere Ergebnisse.

Anliegen deutlich formulieren

Vor dem Gespräch mit der Lehrkraft wäre folgendes Gedankenspiel hilfreich: Stellen Sie sich vor, Sie wachen eines Morgens auf und der Konflikt hat sich über Nacht in Luft aufgelöst. Was ist passiert?

Vielleicht antworten Sie:

- »Frau X. geht auf die Fragen und Wünsche der Schüler viel mehr ein.« Oder:
- »Herr Y. konzipiert seine Schulaufgaben so, dass auch leistungsschwache Schüler eine Chance haben, wenn sie sich anstrengen.« Oder:
- »Herr Z. begegnet Lilly wertschätzend.«

Warum diese Übung? Weil sie Ihnen hilft, Ihr Anliegen verständlich und konstruktiv zu formulieren. Oft werden Eltern in der direkten Konfrontation mit dem Lehrer

plötzlich sehr zahm und belassen es bei schüchternen An-
deutungen, statt ihre Erwartungen klar zu äußern. Wenn
dann nach dem Gespräch keine Veränderung eintritt, sind
sie umso wütender auf den Pädagogen, der offenbar nichts
begriffen hat.

Vorwurfston vermeiden

Fast jeder Mensch reagiert empfindlich auf Kritik – Lehrer bilden da keine Ausnahme. Natürlich gehört es zu
ihrem Beruf, mit Eltern zusammenzuarbeiten und deren
Kritik aushalten zu können. Nur sollten Sie die Neh-
merqualitäten der Pädagogen nicht unnötig auf die Probe
stellen. Manche Eltern haben aber genau dafür ein un-
glaubliches Talent. Beispiel: Theresa fühlt sich von ihrer
Lateinlehrerin abgelehnt. Sie kann ihren Eindruck nicht
näher begründen, außer mit der Beobachtung, von ihr
immer »böse angeschaut« zu werden. Zudem hat sie sich
in Latein gegenüber dem letzten Jahr verschlechtert. Ihre
Mutter bringt den Unmut in einer Sprechstunde wie folgt
zur Sprache: »Wir fragen uns natürlich schon, warum
Theresa dieses Jahr so schlecht ist. Vielleicht liegt es auch
an der Art und Weise, wie Sie sie im Unterricht behandeln? Sie fühlt sich jedenfalls von Ihnen nicht besonders
gemocht.«
    Leider werden Lehrer nicht selten mit derart schwammi-
gen, nicht belegbaren Vorwürfen konfrontiert. Für Pädago-

gen ist es schwer, angemessen darauf einzugehen. Zunächst einmal möchte man sich verteidigen, aber das kann nur ebenso schwammig erfolgen. Hilfreicher wäre es, das Anliegen neutraler zu formulieren und die Lehrerin als Unterstützerin anzusprechen: »Theresa kommt es so vor, dass Sie sie nicht mögen. Mir ist klar, dass das subjektiv ist, und es soll auch kein Vorwurf sein. Aber vielleicht gelingt es Ihnen, sie durch eine Extraportion Zuwendung von diesem Eindruck zu befreien? Das wäre toll, und vielleicht trägt es dazu bei, dass sich Theresas Leistungen verbessern.«

Wenn sich nichts ändert

Es kann vorkommen, dass sich eine Lehrerin oder ein Lehrer Ihre Beschwerde/Ihren Wunsch geduldig anhört, sich höflich von Ihnen verabschiedet und – danach so handelt, als hätte das Gespräch nie stattgefunden. Natürlich sind Sie darüber empört. Zwei Reaktionsmuster halte ich dennoch für falsch:

- *Resignation.* Nach dem Motto »Bringt doch eh nichts« verdrängen Sie den Konflikt und zählen die Tage bis zum Ende des Schuljahres, nach dem Ihr Kind von diesem Pauker erlöst sein wird.
- *Sofort an die Schulleitung wenden.* Heben Sie sich diesen Schritt als »Joker« auf! Sofern Ihre Beschwerde objektiv gerechtfertigt ist, werden Sie zu Ihrem Recht kommen – aber vielleicht auch mit einfacheren Mitteln.

Stattdessen sollten Sie sich noch einmal an den Lehrer wenden. Nachdem bereits ein Gespräch stattgefunden hat, reicht hier eine schriftliche Nachricht: »Sehr geehrte …, vier Wochen nach unserem Gespräch haben wir leider keine Verbesserung der Situation erkennen können … Wie stellt es sich aus Ihrer Sicht dar?«

Warum noch einmal nachhaken? Weil es gut möglich ist, dass Sie sich gegenseitig missverstanden haben. Vielleicht haben Sie Ihr Anliegen nicht deutlich genug vorgetragen, vielleicht hat die Lehrkraft es sehr eigenwillig interpretiert. Und selbst in dem Fall, dass Ihre Interessen absichtlich übergangen wurden, wird Ihnen das Nachhaken Klarheit verschaffen.

Erfolgreich am Gymnasium – was heißt das eigentlich?

Zum Abschluss, liebe Leser, frage ich Sie, was Sie unter »Erfolg am Gymnasium« eigentlich verstehen. Woran machen Sie fest, ob Ihr Tochter oder Ihr Sohn in der Schule einen erfolgreichen Job erledigt? »Zunächst mal an den Noten«, werden Sie feststellen und im gleichen Moment als pädagogisch versierte Eltern ergänzen, dass das nicht alles sein kann. Ginge es nur um Noten, müssten am Ende der Schulzeit die Einser-Abiturienten die glücklichsten Schüler sein. Ist das so?

Nehmen wir einmal an, dass gute Schüler später tendenziell an die besser bezahlten Jobs kommen. Das erscheint durchaus naheliegend, zumal diese jungen Erwachsenen, selbst wenn sie nicht wesentlich intelligenter sein sollten, mit mehreren Boni in die Schlacht um die besten Studienplätze und Uni-Abschlüsse ziehen: ihrem guten Notenschnitt, der natürlich bei der Studienplatzvergabe Türen öffnet; ihrer außergewöhnlichen Disziplin, ohne die sie das gute Abi nicht geschafft hätten und mit der sie sich auch an der Uni vom Durchschnitt absetzen werden; und schließlich ihrem ausgeprägten Ehrgeiz, der sie immer vorantreiben und nur dann zufrieden sein lässt, wenn sie Außergewöhnliches geleistet haben.

An dieser Stelle ahnt man schon: Zwischen Abiturnote und späterem Lebensglück wird sicher *kein* allgemeiner Zusammenhang bestehen. Erst recht lässt sich für den einzelnen jungen Menschen eben nicht anhand seines schulischen Abschlusses vorhersagen, wie erfolgreich und wie zufrieden er in seinem späteren Beruf sein wird. Wir Eltern sollten uns dies immer dann vor Augen führen, wenn wir angesichts der schlappen Leistungen unseres Nachwuchses verzweifeln oder neidisch auf die guten Zensuren der Freunde schielen.

Ich will gute Leistungen nicht abwerten, sondern vielmehr ein letztes Mal vor dem Tunnelblick warnen, dem manche Eltern im Laufe der Schulzeit verfallen. Natürlich ist es schön, wenn man nach dem Abi eine breite Palette an Möglichkeiten hat, von einem Ausbildungsberuf bis hin zum Studium im Lieblingsfach, und noch dazu gute Chancen, dort genommen zu werden. Wichtig ist aber auch der Weg, der zu diesem Ziel führt. Schade finde ich es, wenn unterwegs Eigenschaften verloren gehen oder gar nicht erst entwickelt werden, die für die Persönlichkeit des Schülers viel wichtiger sind als seine Berufschancen direkt nach dem Abi: Selbstvertrauen, Spaß am Lernen, Kameradschaft, Selbstbestimmtheit, Kreativität. Ich möchte wetten, dass solche Eigenschaften einen jungen Menschen im Leben weiterbringen, wenn auch manchmal über Umwege, als jede noch so gute Note.

Bei all Ihren Unterstützungsmaßnahmen bitte ich Sie daher, diese Eigenschaften im Blick zu behalten. Zu den größten pädagogischen Irrtümern gehört die Annahme, mit dem schulischen Erfolg werde das Selbstbewusstsein des Kindes automatisch wachsen. Es ist nichts gewonnen, wenn Ihr Kind am Ende mit einem Abi die Schule verlässt, aber für den Rest seines Lebens Prüfungsängste aussteht oder sich nichts zutraut, weil es über Jahre hinweg Überforderung erleben musste. Oder wenn ein penetrantes »Das hättest du doch besser gekonnt!« hängen bleibt, das einem auch noch Jahre später die Lust an allen beruflichen Weiterbildungsmaßnahmen verdirbt.

Ich wünsche Ihrem Kind, dass es in einigen Jahren mit einer guten Note *und* mit gestähltem Selbstbewusstsein die Schule verlässt. Wenn dieses Buch dazu beitragen konnte, ist meine Rechnung aufgegangen.